高低差に隠された古都の秘密

京都の凸凹《DEKOBOKO》を歩く

京都高低差崖会崖長
梅林秀行＝著

青幻舎

大宮土居町、御土居の遺構（→「御土居（前編）」）

土屋町通で凸凹地形を見つめる著者（→「聚楽第」）

西花見小路、花街の凸凹地形（→「祇園（前編）」）

迫力ある土塁（→「御土居（前編）」）

断層に鎮座する八坂神社（→「祇園（前編）」）

松林寺境内の階段（→「聚楽第」）

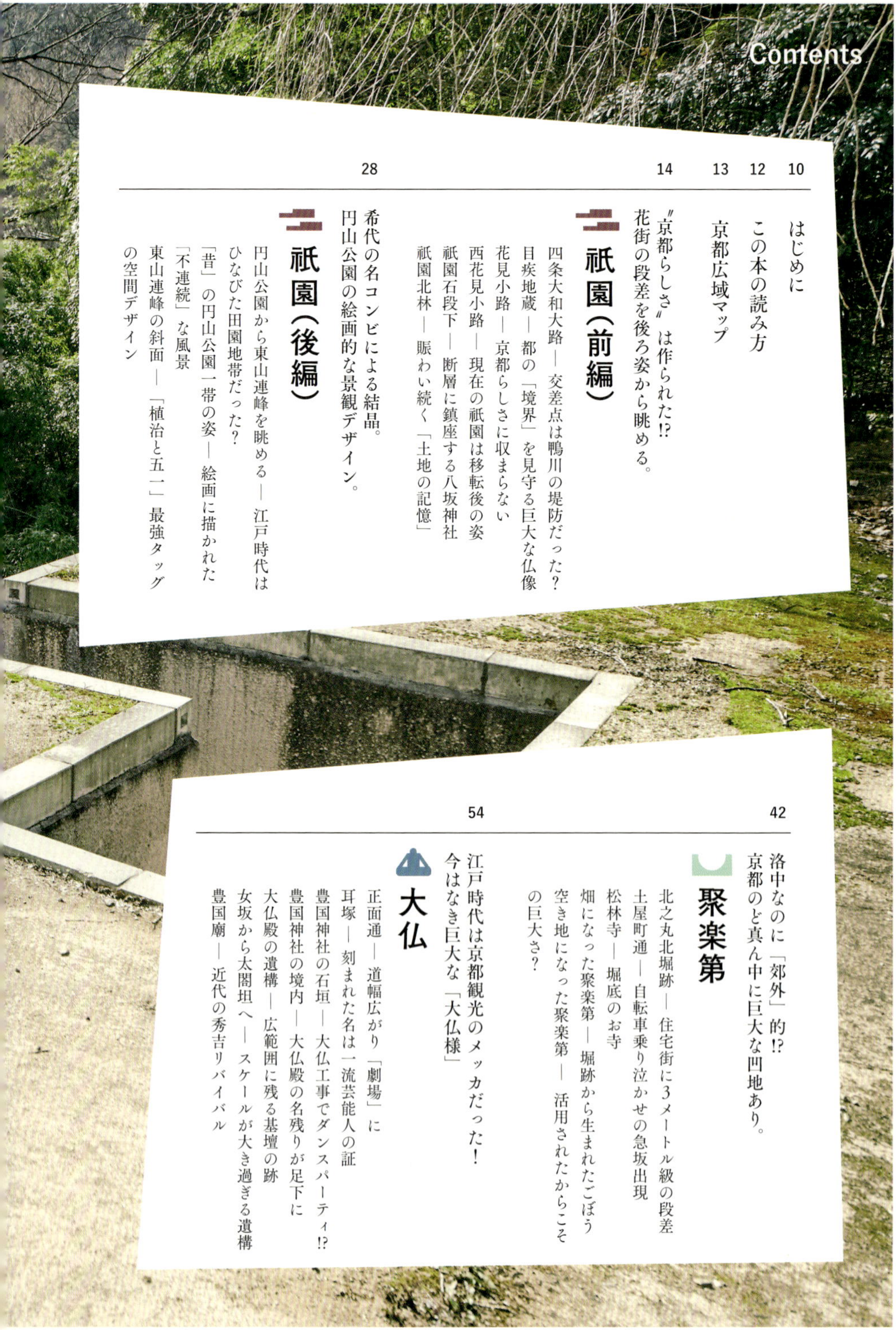

Contents

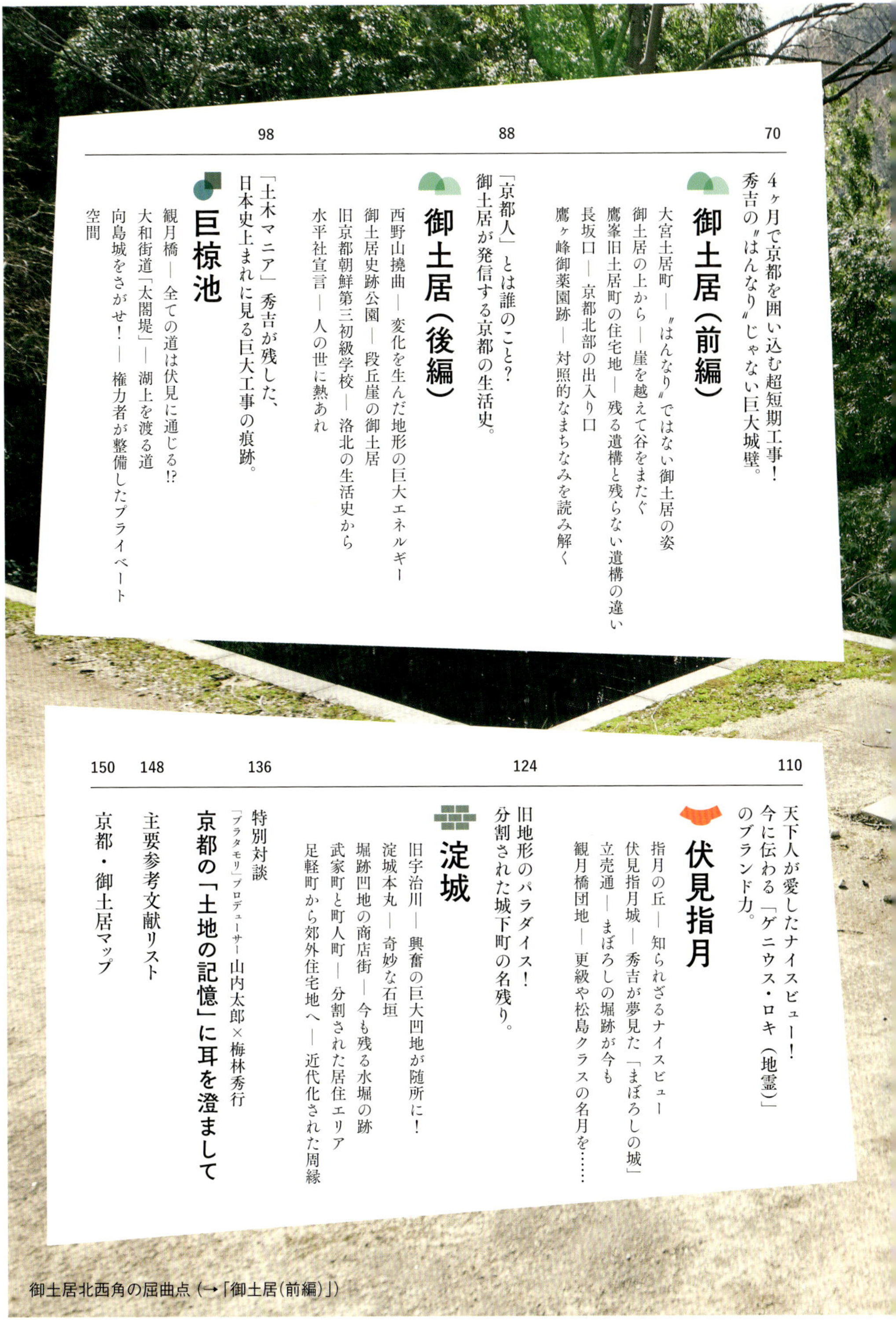

御土居北西角の屈曲点（→「御土居（前編）」）

はじめに

日々、まちを歩くうちに気づきませんか。地面のわずかな傾斜、住宅地に連なる段差、妙に湿気が多い凹地、等々。私たちの生活には凹凹地形が集まっています。おそらく、そのすべてには「平地のままではいられなかった物語」が潜んでいるのです。

凸凹地形とは、自然や人びとがその土地になんらかの変化を加えた「痕跡」です。どんな小さなものであれ、その土地ならではの歴史や生活の表れが凸凹地形といえるでしょう。平地ではいられなかった、その土地ならではの起伏に富んだ物語を、今もありありと感じられるような、そんな物語を「土地の記憶」と呼んでみたいと思います。

〝地形は変えられない、変えても土地が覚えている〟

凸凹地形ファンにとっての大先輩であり大スター、タモリさんがNHK総合テレビの番組「ブラタモリ」のなかでふとつぶやいた言葉です。まさしく私たちの日常は、土地の記憶で満ちているのでしょう。

いっぽうでこの本で紹介する京都は、平安京や神社仏閣といった名所旧跡のイメージによって、「昔ながらの」「ずっと変わらず」といった言葉を呼び込みやすいまちでもあります。あたかも平らな歴史や生活がずっと続いているかのような、紋切り型のイメージや言葉が生まれるまちが京都といえるかもしれません。

しかし考えてみてください。古い歴史をもつ京都にこそ、むしろ起伏に富んだ物語が積み重なっているのではないでしょうか。災害や戦乱といった自然や人びとの活動が、数多くの変化あるいは断絶を生んでもなお、なんとか生き延びてきた結果が京都の実際の姿だと思います。そのように考えると、京都のまちのあちこちにたたずむ凸凹地形が、がぜん強い光を放つように見えませんか。

この本の内容は、住民がガイドする京都のミニツアー「まいまい京都」の活動を通じて多くの仲間たちと積み上げたものです。そのなかで、「京都高低差崖会」という変わった名前のグループも生まれました。単なる名所旧跡や石碑めぐりでは飽き足らず、自分自身の好奇心や問題意識を素直に表現する活動は、まさしく「大人の居場所」といえるものとなっています。凸凹地形を前にして、私たちひとりひとりの起伏に富んだ人生の物語も刺激されながら、その土地に対して「なるほど、そうだったのか」とおのずから共感が生まれる瞬間になんども遭遇しました。

それではさっそく凸凹地形を目印に、京都のまちに積み重なった土地の記憶を訪ねにいきましょう。この本には選りすぐりの9コースを収録しました。まちとの触れ合いにより、まちやそこに暮らす人びとの姿に、たしかな共感が生まれることを願ってやみません。

京都高低差崖会について

京都高低差崖会は、Facebookページ（https://www.facebook.com/kyotokoteisa/）で日々情報発信中です。チェックしてみてください。また京都高低差崖会は、住民がガイドする京都のミニツアー「まいまい京都」を通じて生まれました（http://www.maimai-kyoto.jp/）。全体で年間約460コースを実施しながら、京都高低差崖会ツアーも毎月開催中です。

この本の読み方

京都府内から、特徴的な凸凹地形とその土地のドラマを感じる7つの地域を厳選し、古地図や絵画などの豊富な歴史的資料とともに楽しく紹介します。祇園と御土居はエリアが広いため、「前編」「後編」と2つの章に分割し、合計9つの章を用意しました。歩く方の年齢や体調にもよりますが、各章2〜3時間ほどあれば歩けます。

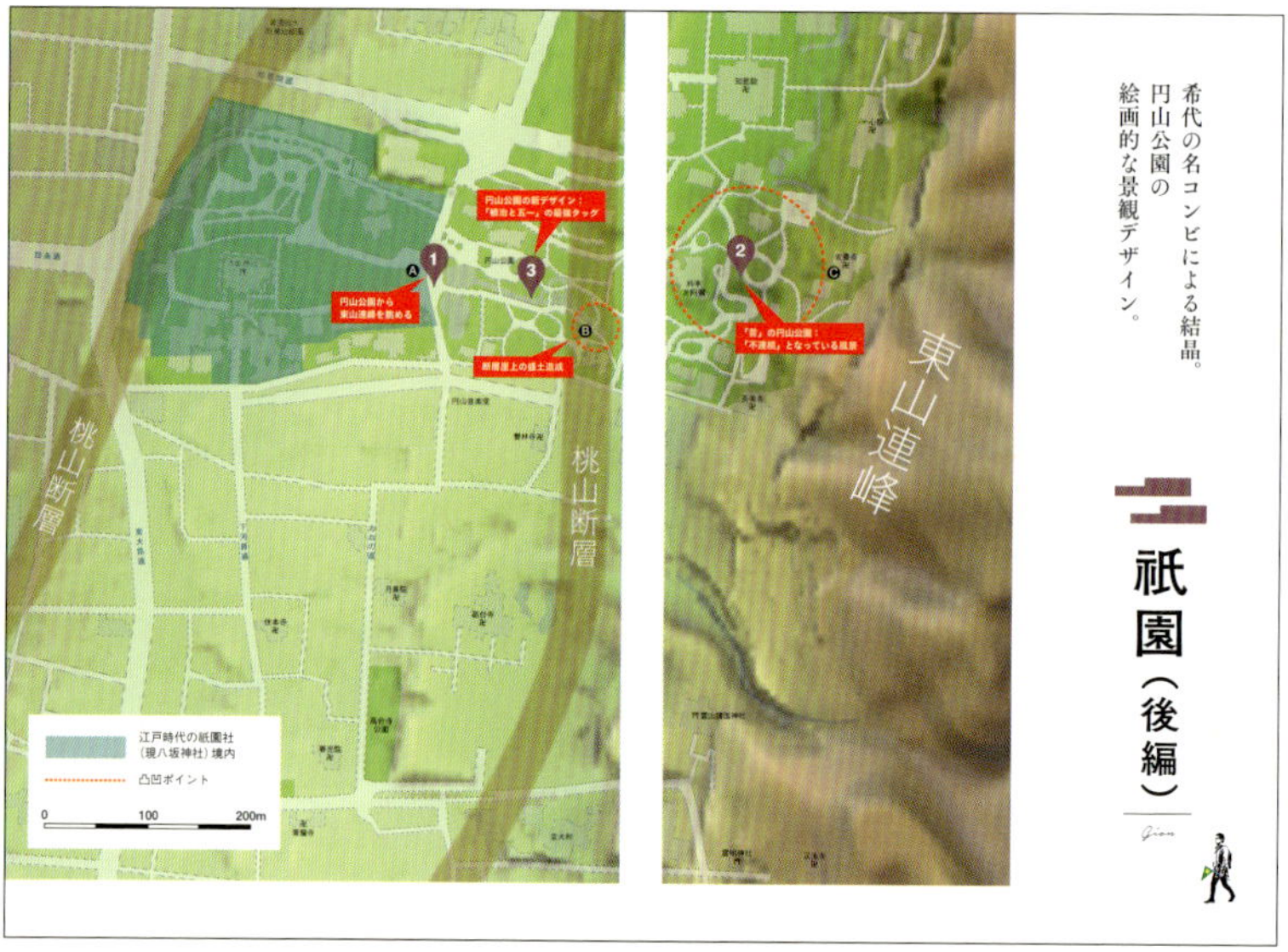

3D凸凹地形図の見方

1 2 3 ほか　本文の見出し番号と対応

各章でテーマとなる「特徴エリア」の範囲（詳細は各章地形図内の凡例参照）

A B C ほか　本文あるいは図版キャプションに掲載の箇所と対応

特に起伏が豊かな「凸凹ポイント」

0　100　200m　縮尺は地形図ごとに異なります

□ 各地形図は、すべて真北を上としています。
□ 3D地形図は「カシミール3D」（http://www.kashmir3d.com/）により加工し、作成しました。比高差が小さい京都のまちの性質から、本書では各標高の指定色について、あえて細かい明示をしていません。大まかには、緑（薄い→濃い）、茶（薄い→濃い）の順に低地から高地へと移行している様子がつかめます。

＊ 本書で紹介した地域には、私有地など住宅地はじめプライベートな空間が含まれますので、マナーを守って行動して下さい。

京都広域マップ

上賀茂神社
御土居（前半）P70～
御土居（後半）P88～
大徳寺
北大路
高野川
賀茂川
下鴨神社
金閣寺
龍安寺
仁和寺
北野天満宮
大覚寺
今出川
銀閣寺
吉田山
聚楽第 P42～
京都御苑
丸太町
嵐山
二条城
平安神宮
南禅寺
鴨川
河原町
祇園四条
祇園（前編）P14～
祇園（後編）P28～
松尾大社
山科
西芳寺（苔寺）
東本願寺
西本願寺
七条
大仏 P54～
京都
桂離宮
東寺
泉涌寺
東福寺
伏見稲荷大社
桂川
醍醐寺
桃山御陵前
伏見桃山
伏見指月 P110～
桃山
観月橋
中書島
宇治川
巨椋池 P98～
長岡天満宮
淀城 P124～
淀
宇治
平等院
0
1
2
3km
木津川

〝京都らしさ〟は作られた!?
花街の段差を
後ろ姿から眺める。

祇園（前編）

Gion

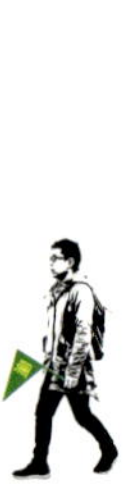

新橋通
白川南通
川端通
縄手通（大和大路通）
花見小路通
鴨川
四条大和大路：
鴨河原の痕跡
目疾地蔵：
都の「境界」
1
2
A
四条大橋
四条通
祇園四条
京都四条南座
祇園 一力亭
3
花見小路：
特異なまちなみ
常光寺
4
清住院
西花見小路：
近代花街の凸凹地形
B
祇園のうしろ姿
正伝永源院
永源庵通
西花見小路
団栗通
興雲庵
建仁寺
花見小路通
大中院
祇園甲部
歌舞練場
安井北門通
京阪本線
宮川町通
新道通
大和大路通
宮川町東西通
西来院
久昌院
両足院
安井金比羅宮
宮川町
歌舞練場
禅居庵
八坂通
桃山断層

四条大橋の東詰、歌舞伎発祥の地に建つ南座の起源は17世紀初頭の江戸時代前期にさかのぼり、日本屈指の伝統芸能のメッカです。明治39年からは松竹合名社（現在の松竹株式会社）が経営しており、平成3年の大改修を経て、内部設備を一新しました。四条通の突き当りに鎮座する八坂神社とともに、祇園を象徴するランドマークです。

南座から東へ進むと、歌舞伎の演目「仮名手本忠臣蔵」に登場する歴史的なお茶屋「祇園 一力亭」があります。その南側、花見小路沿いに広がるエリアは、舞妓さんや芸妓さんを抱える置屋や料理屋、会員制クラブなどが軒を連ねる、京都有数の格式高い歓楽街です。近年は多くの外国人が足を運ぶ、大人気の観光ゾーンにもなっています。

「河原」のど真ん中に位置する南座

1 四条大路

交差点は鴨川の堤防だった？

歌舞伎や芝居が入れ替わり上演されている南座の前から、四条通を東へ歩きます。大和大路との交差点を渡ったら、くるっと背を向けて、来た道を眺めてみましょう。**交差点の中央部分が隆起していて、そこから西側へ鴨川に向かって下がっている**様子がわかるでしょうか。その高低差こそが、昔の鴨川の範囲を示す痕跡なのですⒶ。

現在の大和大路通は、古い時代に形成された鴨川旧堤防に相当しています。大和大路通は昔の堤防、西側は昔の河原となるわけです。したがって南座が現在建つ地点はかつての鴨川堤防よりも内側に当たり、まさしく河原のど真ん中だったのですね。このように大和大路通付近の凸凹地形を観察することで、もともとの鴨川の河原が、今よりもずっと広い敷地を占めていた様子が現在の地形からよくわかります。

2 目疾《めやみ》地蔵
都の「境界」を見守る巨大な仏像

四条大和大路交差点の南東にある四条通に面した仲源寺、通称「目疾地蔵」の境内に入りましょう。表門からすぐ右側に、観音堂に祀られている像高約2・4mの巨大な千手観音菩薩像を見ることができます。脂肪のつき具合、生々しく見せるために眼の位置に水晶板を入れる玉眼が施されていないことなどから平安時代後期作と推測される立派な仏像です。さらに本堂の内部にも、同じように巨大な地蔵菩薩像が収められています。なぜこんなところに巨大な仏像が2体もあるのか、興味が湧きませんか。

目疾地蔵の境内

目疾地蔵の位置するあたりは今でこそ京都を代表する繁華街の一等地ですが、かつては市街地から鴨川を渡って郊外に出てすぐの地点でした。つまり目疾地蔵は鴨川堤防だった大和大路通と同様に、鴨川をはさんで市街地と郊外を分ける歴史的な境界地点だったわけですね。だからこそ、千手観音菩薩像と地蔵菩薩像の2体もの巨大な仏像が必要だったのではないか。このようなシンボリックな意味合いを目疾地蔵からは感じずにはいられません。

3
花見小路
京都らしさに収まらない

近頃は外国からの観光客も集まる花見小路は、〝京都・祇園らしい〟さらには〝昔ながらの〟としばしば表現されるまちなみです。京都の「伝統的」な風景の代表例ですね。

ただ、祇園のメインストリートであるこの花見小路をよく眺めると、いくつかの不思議を感じませんか。〝京都・祇園らしい〟あるいは〝昔ながらの〟といった常套句には収まらない風景が、そこに広がっているように感じてしまうのです。この不思議な感じは、いったいどこから生まれるのでしょうか。

まず気づく点は、花見小路の道幅がとても広いこと。花見小路周辺のお茶屋が並ぶ道路が道幅約2・7mなので、道幅約8mの花見小路は明

花見小路の広い道幅と「塀造茶屋様式」のまちなみ

らかに異彩を放っていますね。観光やお茶屋遊びに自動車で訪れることも、花見小路ではじゅうぶんに可能です。ですから祇園の「伝統的」なイメージの一方で、自動車が往来できるほど道幅が広い花見小路からはとても「近現代的」な印象を受けてしまいます。「伝統的」なはずの祇園なのになぜでしょうか。

　次に気づく点は、花見小路に建ち並ぶ建物のスタイル。実は花見小路には、私たちが祇園あるいはお茶屋街という言葉からイメージする建物が一軒もありません。一般的なお茶屋建築は、二階建てで、一階よりも二階が道路に数十cm張り出す形の「標準茶屋様式」と呼ばれるスタイルです。これはテレビや雑誌等でみなさんお馴染みでしょう。ところが、いざ祇園のメインストリートである花見小路に目を移すと、その標準茶屋様式の建物が一軒もないのです。

祇園の路地を抜けて

「伝統的」とは異質の印象

　実は、花見小路に軒を連ねる建物は、典型的な「標準茶屋様式」ではなく、「塀造茶屋様式」と呼ばれる建築スタイルばかりです。塀造茶屋様式とは「大塀造《だいべいづくり》」とも呼ばれる主に近代以降の住宅向け町家が店舗用に発展したもので、母屋の前面に高さ約2mの塀が道路に取り付く形です。つまり、祇園を代表する花見小路のまちなみは、典型的なお茶屋で

MINI COLUMN

茶屋の二つのスタイル

標準茶屋様式（左図の上）は2階の床が50センチほど前に出ており、その部分が庇になっている。一方、塀造茶屋様式（左図の下）は道路に面して高い塀が立つかのような造りで、仕舞屋《しもたや》とも呼ばれる。

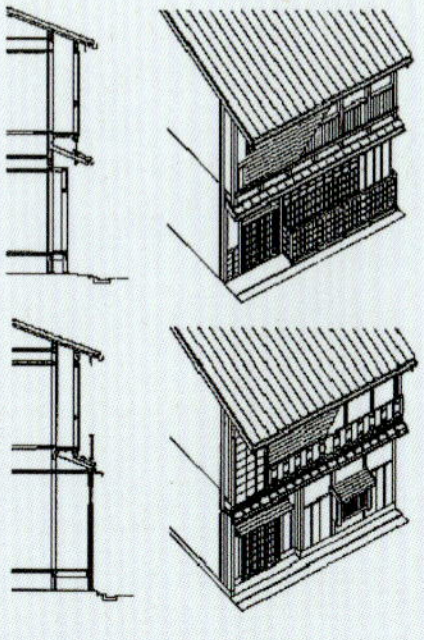
京都市情報館ウェブサイトより転載

はなく、近代以降に成立した建築スタイルだけで成り立っているのです。ここにも先ほど広い道幅の点でも感じた、「伝統的」という言葉からは異質の「近現代的」な印象をもたらす花見小路の不思議を感じることができました。

このようにどうやら、〝京都・祇園らしい〟〝昔ながらの〟といった言葉には収まらない物語が、祇園には潜んでいそうな気配です。その物語の謎を解く鍵は、花見小路から一本西を通る「西花見小路」にありました。

「標準茶屋様式」の建物

4 西花見小路
現在の祇園は移転後の姿

花見小路の西側を並走する「西花見小路」と交差する道を少し西に進んだあたりで、振り返って地面を見てみましょう。そこから花見小路の方向を眺めると、**祇園の中心部に向かって路面上に明らかな高低差が生じている**ことがわかりますか。つまり周囲に比べて、花見小路は地面が盛り上がっているのです。しかも、西花見小路より中心部側の路面は石畳ですが、周囲はただのアスファルト敷きの路面です。建物も西花見小路から中心部は茶屋様式の建築スタイルですが、周囲に建つのは現代的な建物ばかりです。まるで見えないパーテーション（仕切り）があるかのように、祇園の中心部と周囲では漂う空気も異なっていますね。実はこの風景にこそ、先ほど感じた花見小路の不思議を読み解くヒントがありました。

西花見小路の凸凹地形

そもそも、「昔」の祇園はどんな姿だったのでしょうか。ここで江戸時代後期（１８０８年・文化５年）に描かれた「花洛一覧図」を見てみましょう。四条通をはさんで北側に町家が密集する一方で、現代の花見小路を中心としたお茶屋街が広がっているはずの南側は竹やぶがうっそうと茂る空間が描かれる様子がわかるでしょうか。どうやら「花洛一覧図」などの絵画史料を見る限り、花見小路を中心とした現代の祇園のお茶屋街は、江戸時代には存在しなかったといえそうです。

つまり四条通をはさんだ北側と南側で、現代とは全く異なる風景が江戸時代にはあったのです。もしかしたら江戸時代と現代の祇園には、大きな「断絶」があるのではないか。そのように感じてしまいます。〃昔ながらの〃という言葉では説明がつかない事情をそこに感じずにはいられません。このように江戸時代と明治時代以降の近現代では「断絶」があり、直線的ではないまちの成り立ちが祇園にはあったと考えられます。果たして、〃京都・祇園らしい〃と呼ばれる風景はどのようにして生まれたのでしょうか。

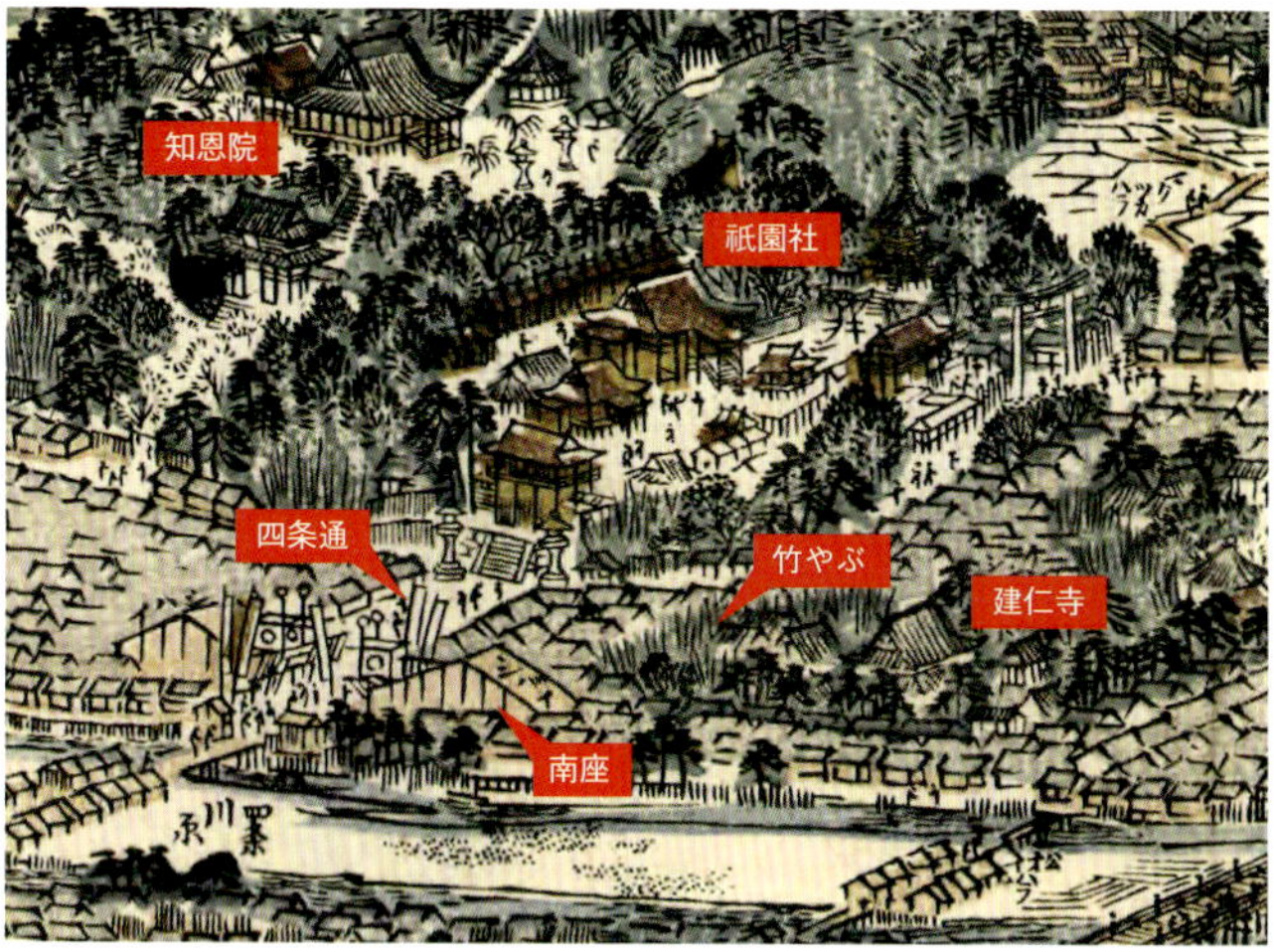

「花洛一覧図」（1808年・文化5年　国立国会図書館蔵　部分）ラベルは著者

実は現代の祇園は、もともとは四条通沿いや四条通よりも北側にあったお茶屋群が、大挙して四条通の南側に移転した経緯があったのです。そこには近代国家となった日本、そして近代都市に変貌した京都ならではの物語がありました。

祇園のうしろ姿

日本中のお茶屋街＝花街のルーツをたどると、もともとは都市の内部に位置していたことがわかります。しかし明治維新後の近代になって、「花街は内部ではなく外部に置く」という考え方、つまり「性的」な要素を含む空間を都市内部から切り離して外部に再配置する発想が制度化して、各都市で続々と花街が外部に移転する状況が生まれました。そして花街は単に外部に追いやられただけではなく、膨張を宿命づけられた近代都市の新市街地開発の担い手として大きな役割を果たすことになったのです。そしてそれは、祇園も例外ではありませんでした。近代以降、祇園のお茶屋街も移転、さらには新市街地開発を担っていきました。

そこで祇園の移転先として選ばれた地点が、竹やぶがうっそうと茂る四条通の南側のエリアでした。もともとそのエリアは、江戸時代までは巨大な禅宗寺院である建仁寺の境内でしたが、1873年（明治6年）の「社寺上知令」によって境内北半部が没収されて、そこに祇園のお茶屋街が移転してきたというわけです。

しかしお茶屋街が移転した建仁寺旧境内の北半部は、「花洛一覧図」にも竹やぶとして描かれるような鴨川に近い低湿地でした。したがってお茶屋街として再生するためには、

段差と裏口が連なる「祇園のうしろ姿」（永源庵通）B

全体に盛土して大掛かりな地盤嵩上げ工事を行う必要があったはずです。その結果こそが、今も祇園中心部と周囲の境界に残る高低差ではないでしょうか。

たとえば祇園エリアの西端に位置する永源庵通に面した建物は、路面に対して段差が生まれていてコンクリート製の小さな階段が各々設えられています。おそらく地盤造成工事の結果でしょう。さらに道路に面した建物は全て、祇園の中心部に正面を向けて永源庵通には裏口を見せるのみです。**この段差と裏口が連なる風景はあたかも「祇園のうしろ姿」と呼べるようなまちなみ**で、祇園のお茶屋街が近代以降に移転した物語を象徴するかのように思えます。

歴史の「断絶」を経てなお

このように、祇園のお茶屋街という〝京都・祇園らしい〟さらに〝昔ながらの〟と表現されるまちなみは、実は近代国家・近代都市の建設という歴史的な「断絶」「画期」を踏まえて成り立った風景なのでした。そして祇園のメインストリートである花見小路で感じた不思議、つまり自動車も往来可能な広い道幅と、近代以降に成立したスタイルの建物が軒を連ねるまちなみの理由もこれによって説明できるでしょう。花見小路の風景はまさに、近代都市だからこそ生まれたものなのでした。同時にお茶屋街の移転という「断絶」があってもなお、〝京都・祇園らしい〟〝昔ながらの〟という価値・ブランドを国内外に感じさせる祇園の風景が生まれるまでに、非常に大きなエネルギーを祇園の人びとがそそぎ込んだことも想像させられます。そこには「古いからよい」とか「変わらないからよい」とはまた異なる、今の風景を生むために祇園の人びとが果たしてきた不断の努力・工夫が感じられます。そしてそこにこそ、〝祇園らしさ〟という価値・ブランドの源泉があるのではないでしょうか。

5 祇園石段下

断層に鎮座する八坂神社

八坂神社の西楼門前、いわゆる「祇園石段下」は京都の風景のなかでもひときわ有名なランドマーク的存在です。京都を代表する風景といっても過言ではないでしょう。それではなぜ、京都市内のメインストリートである四条通の東突き当りにあたるこの地点が、ランドマークとして印象に残るのでしょうか。そこには、祇園石段下の地点を周囲から引き立てる何かがはたらいているように思えます。

まず目につくのは、「石段下」の言葉通りに八坂神社西楼門が大きな石段の上に立っている風景です。四条通から眺めると、あたかも大きな舞台の上に楼門がそびえるかのような姿ですね。加えて、楼門の柱色が鮮やかな朱色であるために一層印象的な風景となっています。実はこの楼門が立つ石段自体が、「桃山断層」の断層崖に相当しています。桃山断層とは京都盆地を造り出した断層活動のうち、盆地東縁の巨大エネルギーによって生まれた地面のズレですが、四条通の平坦面から立ち上がる石段自体がこの桃山断層が生んだ凸凹地形であるわけですね。

さらに八坂神社西楼門前、「祇園」交差点が位置するあたりは現在、大きな広場のようになっています。四条通と東大路通という道幅の広い幹線道路が交わるため、その交差点は広い面積を生んでいます。

自然と人の交差点として

ちなみに、明治時代前半（19世紀終わり頃）の古写真を見ると、四条通も東大路通も今よりずいぶん道幅が狭くて、交差点は今のような広さはなかった様子がわかります。現在の広い交差点になった理由は、20世紀初頭の明治時代終わりから大正時代初めの市電開通がきっかけです。四条通と東大路通にそれぞれ路面電車の「京都市電」が開通した際、市電が通行できるように各道路の道幅を広げてさらに、電車が互いに衝突することを避けて市電が交差する地点の道路角地を「隅切り」した結果、現在のような広場を思わせる空間に八坂神社西楼門前は変貌しました。

このように、桃山断層が生んだ大きな凸凹地形である石段と、路面電車開通に伴う道路交差点の拡大によって、今の八坂神社西楼門前＝祇園石段下の風景は生まれました。結

四条通から見る「祇園石段下」

果、交差点である広場状の大きな空間と、断層崖の石段上に、鮮やかな朱色の楼門がそびえる印象的なランドマークが誕生したのです。自然地形の断層崖と近代都市ならではの交通網による、見事なコラボレーションと思いませんか。祇園石段下は、自然地形と人びとの歴史の交差点でもあったのです。

6 祇園北林

賑わい続く「土地の記憶」

江戸時代、八坂神社（当時の呼び名は「祇園社」）の境内は盛大な遊び場でした。江戸時代末の名所図会『花洛名勝図会』（1864年・元治元年）を見ると、遊び場である神社境内に集った老若男女の姿をうかがうことができるでしょう。「祇園社」と題された絵のなかには当時の境内に数多くの「茶店」が描かれ、また「祇園林夜桜」と題された絵には満開の桜の下、大人も子どももお大尽も、みんなが飲み食いしながら楽しむ様子が描かれています。江戸時代の名所図会を見ると、当時の祇園社境内は男女の区別なく、おおらかに飲み遊ぶ場所だったようですね。

江戸時代の祇園社境内で、とりわけ遊客の賑わいが盛んだったエリアは境内北側の「祇園北林」です。当時は桜が数多く植えられて、「茶店」や弓を射て遊ぶ「弓場」も

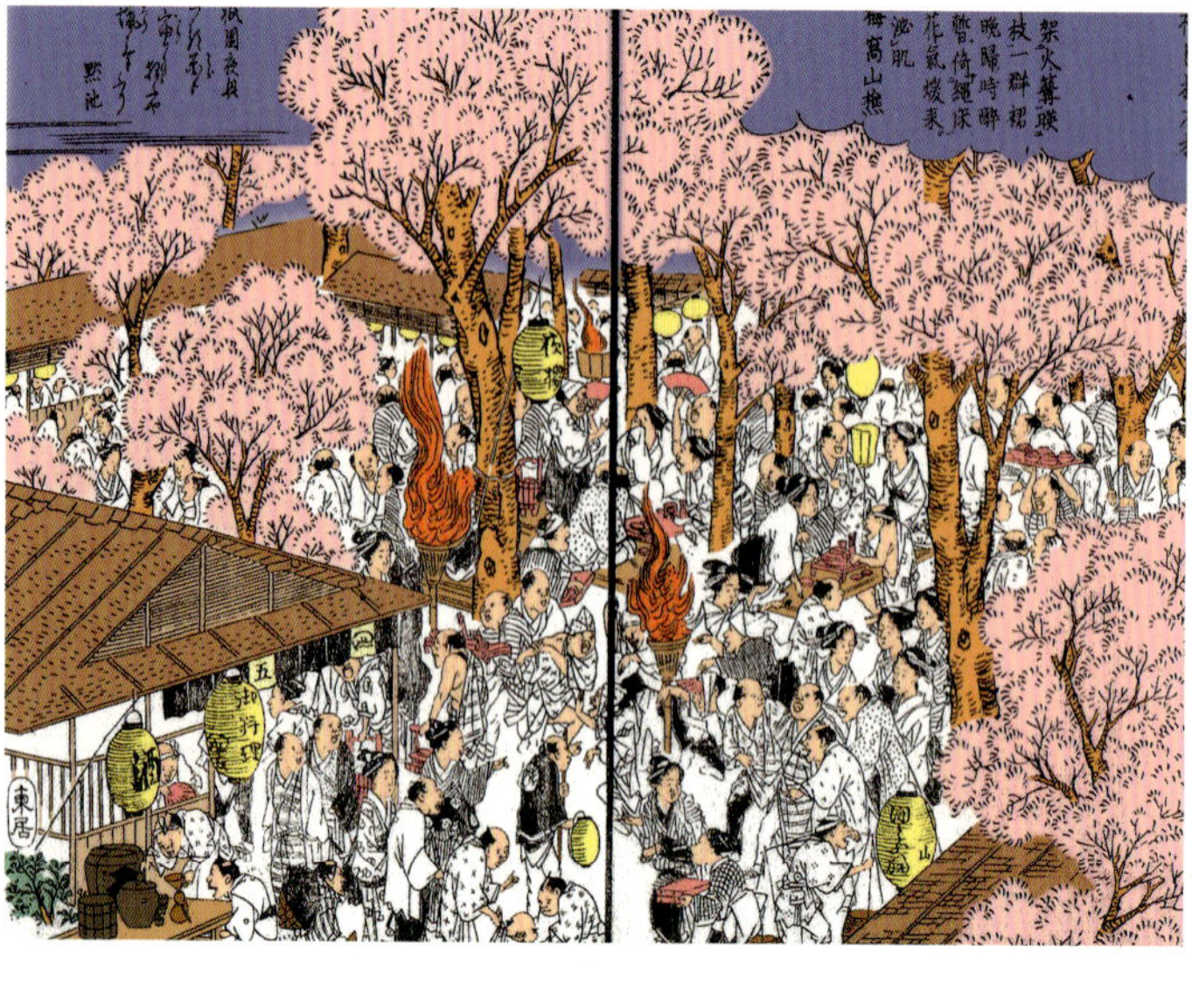

「祇園林夜桜」（『花洛名勝図会』1864年・元治元年 国際日本文化研究センター蔵　部分）彩色は著者

「祇園社」（『花洛名勝図会』1864年・元治元年　国際日本文化研究センター蔵　部分）ラベル・彩色は著者

置かれていました。絵を見ると、どの店も瓦葺きではない仮設に近い造りであったこともわかります。

この「祇園北林」は江戸時代の後、現代の私たちの前にどんな姿を今見せているのでしょうか。かつての「祇園北林」の地点に行ってみましょう。今の八坂神社の北鳥居を抜けると、そこは円山公園になっています。明治時代の社寺上知令によって境内が没収されて市民公園になったためです。その円山公園の北側奥、観光客の動線からは外れた地点に、料理屋が今も建ち並んでいました。ちょうど江戸時代に描かれた「祇園北林」に相当するエリアです。料理屋にはさまれて、なんと「弓場」まで今も営業しているではありませんか。**おそらくこの風景こそが、かつての「祇園北林」の名残り**であるはずです。

明治維新から社寺上知令という荒波を経て、かつての祇園社境内が円山公園に変貌してもなお、江戸時代の名所図会に描かれたような料理屋・弓場が今も連なる風景からは「土地の記憶」といったようなものを感じさせてくれますね。かつてそこに集った人びとの行動や記憶が、風景に長い寿命を与えているのでしょうか。

祇園（後編）

Gion

希代の名コンビによる結晶。
円山公園の
絵画的な景観デザイン。

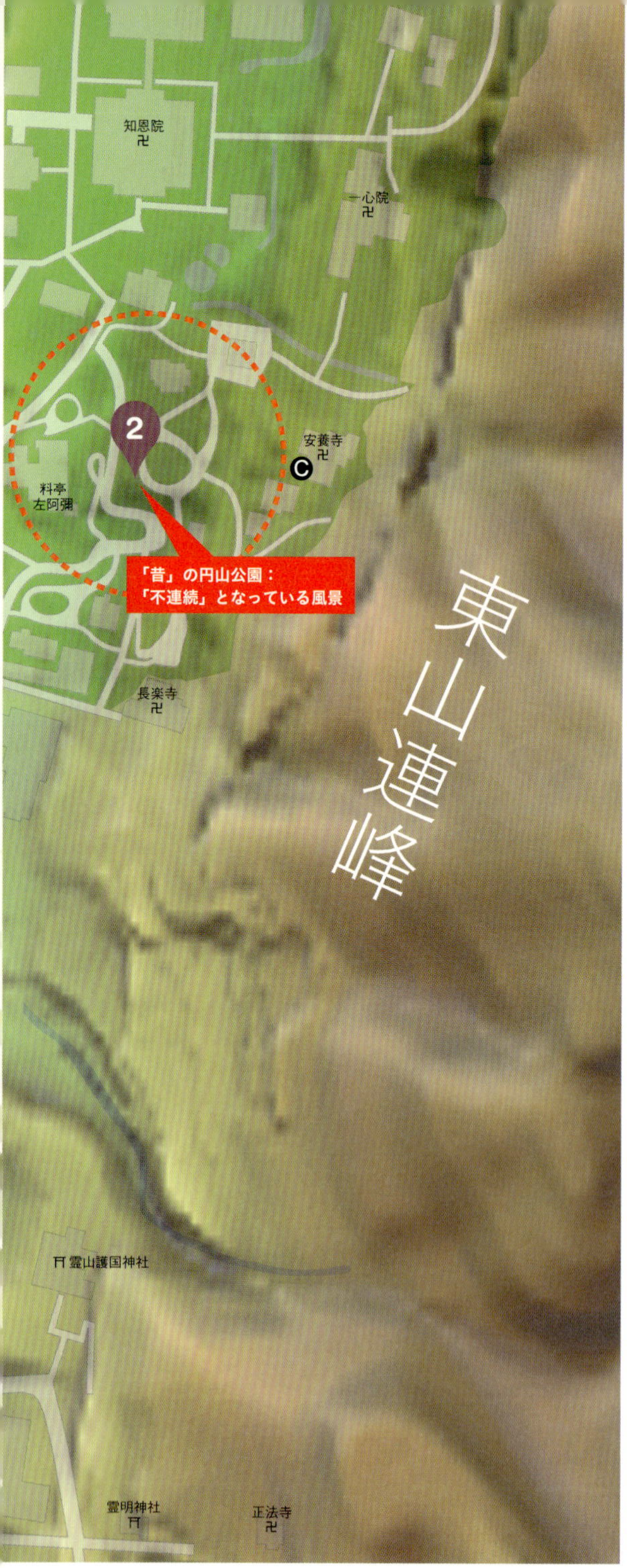

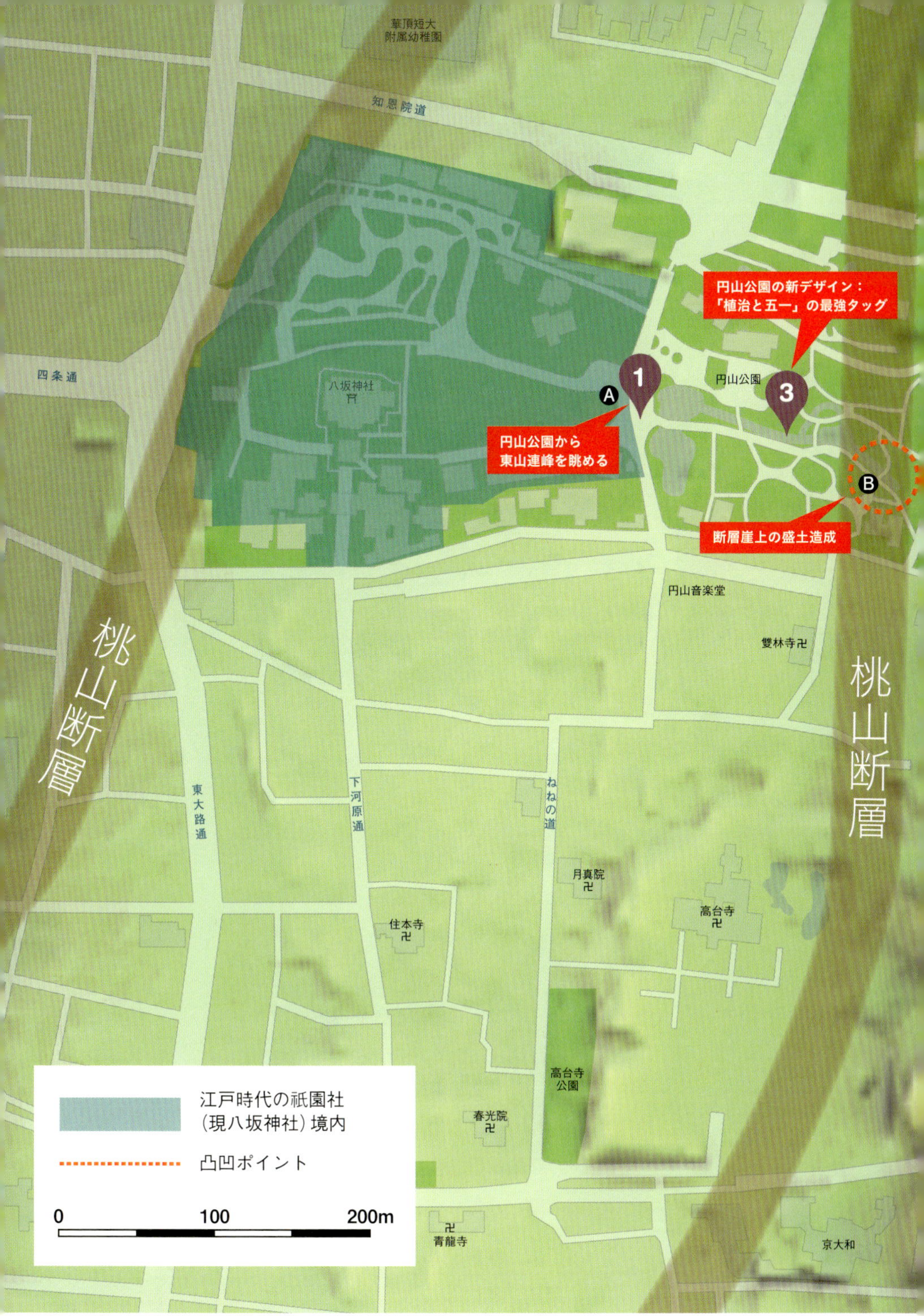

華頂短大
附属幼稚園
知恩院道
四条通
八坂神社
円山公園の新デザイン：
「植治と五一」の最強タッグ
円山公園
1
3
A
円山公園から
東山連峰を眺める
B
断層崖上の盛土造成
円山音楽堂
雙林寺
桃山断層
桃山断層
東大路通
下河原通
ねねの道
月真院
高台寺
住本寺
高台寺
公園
春光院
青龍寺
京大和
江戸時代の祇園社
（現八坂神社）境内
凸凹ポイント
0
100
200m

八坂神社の東奥に広がる円山公園一帯は、観光客だけでなく、京都市民にとっても身近な行楽地です。よく知られているスポットのひとつが1927年(昭和2年)にオープンした、今も使われている「円山野外音楽堂」です。フォーク音楽全盛時には後に伝説となるコンサートが数多く開かれ、聖地的存在となりました。もうひとつの名物が、通称「祇園のしだれ桜」です。昼は艶やかに、夜は幻想的な眺めで魅了してくれます。

界隈が特に賑わうのは桜の季節と大晦日。円山公園のあちこちには様々な種類の桜が植えられており、ライトアップやかがり火の下で宴席が始まることもしばしばです。大晦日は、八坂神社のおけら参り、知恩院の除夜の鐘を目的に集まる善男善女で、通勤ラッシュのような混雑ぶりを見せることも少なくありません。

咲きほこる祇園のしだれ桜

1 円山公園から東山連峰を眺める

江戸時代はひなびた田園地帯だった？

柵で囲われているしだれ桜を背にして、眼前の東山連峰を眺めてみましょう。水鳥が遊ぶ池越しに広がる現在の円山公園から東山連峰の一帯は、頂上まで樹木で覆われたなだらかな勾配が続いており、緑が美しい山肌はふかふかの絨毯が敷き詰められているようにも見えます。**それはまるで絵画のように完成度が高く「連続性」のある景色**で、山紫水明の地・京都にふさわしい美しさです。多くの人はこの風景を見て、「昔ながらの風景が身近にあるとは、さすが京都」と〃京都らしさ〃を感じることでしょう。

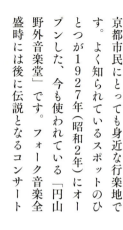

しかし、あたかも〝昔から〟あるように見えるこの風景が、近代以降に「新たに作り上げられた」ものと知ったら驚きませんか。実は円山公園から東山連峰にかけては、江戸時代以前と明治時代以降の近代で全く異なる風景でした。今の円山公園周辺の風景ができあがる過程には、近代都市・京都ならではの空間デザインがあったのです。

江戸時代の円山公園周辺「真葛ヶ原」の風景

ここで今の円山公園周辺を描いた、江戸時代の絵画史料を見てみましょう。祇園のお茶屋街を語る際にも紹介した「花洛一覧図」（1808年・文化5年）には、祇園社（今の八坂神社）の北裏にぽっかりと空間が広がる様子が描かれています。周囲を祇園社・八坂の塔・高台寺とい

円山公園から東山連峰の一帯を眺める Ⓐ

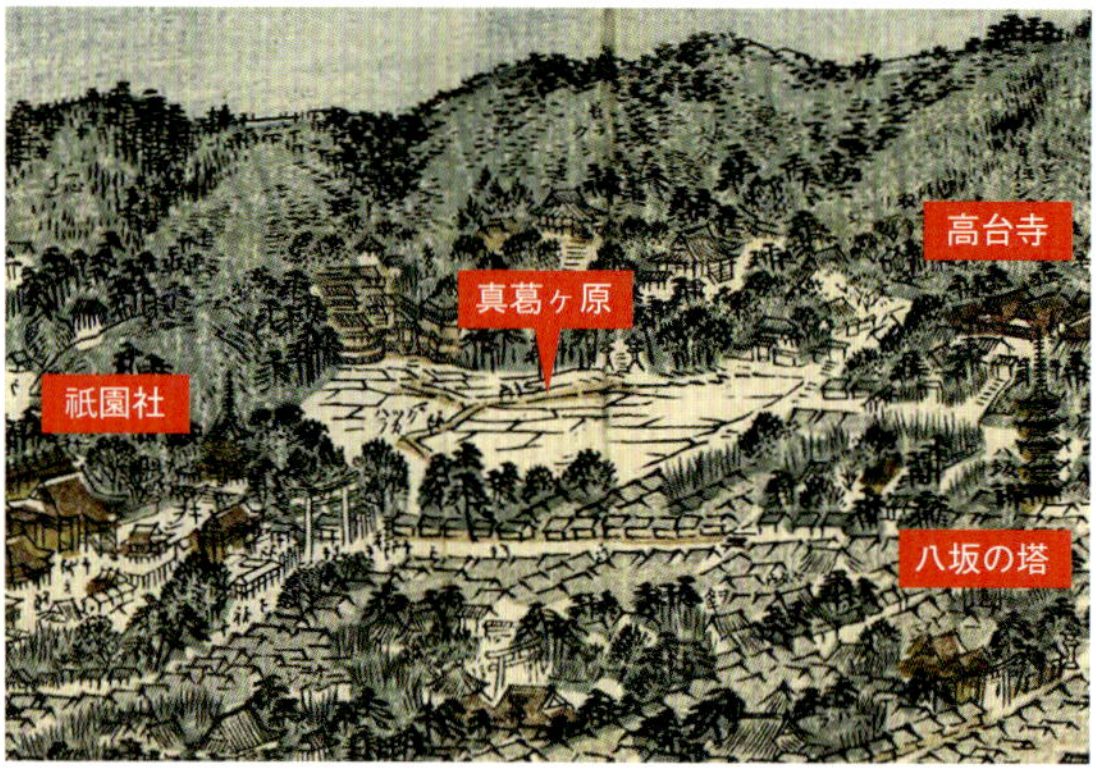

「花洛一覧図」
（1808年・文化5年
国立国会図書館蔵　部分）
ラベルは著者

った有名寺社に囲まれながら、そこだけ未開発ゾーンのような雰囲気ですね。実をいえば、江戸時代には今の円山公園は全くその気配すら見せておらず、**当時「真葛ヶ原」と呼ばれた一面の田園風景が広がっていたのです。**今とあまりにも異なる風景にとても驚きますね。

　さらに江戸時代末の『滑稽都名所』（1854～1860年頃・安政年間）には、この真葛ヶ原の「野壺」（田畑肥料用の糞尿入れの穴）に片足を落としてしまった人の姿が面白おかしく描かれています。浮世絵に描かれるくらい、今の円山公園に相当する真葛ヶ原は田園地帯として有名だったのでしょうか。

「真葛原」（『滑稽都名所』1854～1860年頃・安政年間　立命館大学 ARC 蔵）

　真葛ヶ原とは、そんなひなびた場所だったのです。ただし、この『滑稽都名所』では野壺に落ちた人の左横に、あでやかな女性二人組とお付の老侍も登場しています。どうやら真葛ヶ原は単にひなびた田園地帯というだけではなく、あでやかな女性も行き交うような場であったことが絵から見て取れますね。では円山公園ができる前、真葛ヶ原を含む周辺一帯はいったいどんな場だったのでしょうか。

2 「昔」の円山公園一帯の姿

絵画に描かれた「不連続」な風景

ここで、江戸時代末の『都名所之内』（１８５４年・安政元年）から「円山安養寺夜景」を見てみましょう。当時の真葛ヶ原から東山連峰にかけての風景が描かれています。絵の手前には真葛ヶ原の田園地帯、さらに奥には白壁・門の向こうに屋根が連なっている様子がわかりますか。そしてその奥にやっと、東山連峰が姿を見せています。現代の風景、つまり円山公園から東山連峰にかけて緑の風景が連続する様子とは全く異なっていますね。ずいぶんと「不連続」な風景です。

「円山安養寺夜景」（『都名所之内』１８５４年・安政元年　国立国会図書館蔵）

さらに次の時代、明治時代半ばに描かれた銅版画『京都名所五十景』（１８９１年・明治24年）から「洛東丸山公園」を見てみましょう。円山公園開設（１８８６年・明治19年）から約5年後の姿ですが、そこにもやはり不連続な風景が描かれていました。絵の手前には今も有名なしだれ桜がある一方で、江戸時代に真葛ヶ原だったエリアには桜が植樹され料理屋などの店舗が建ち並んでいますね。さらにその奥の山裾には「ホテル」が斜面いっぱいに林立しています。

「洛東丸山公園」（『京都名所五十景』1891年・明治24年　京都府立総合資料館蔵）

このように江戸時代から明治時代の絵画史料を見ると、円山公園の周辺は今の風景とは全く異なっていた様子がよくわかります。円山公園から東山連峰にかけては、今のように連続した緑の風景が広がっていたのではなく、真葛ヶ原という田園地帯、料理屋の店舗群、そして山裾の斜面には白壁・屋根あるいはホテル群という、かなり「不連続」な風景が混在していた状況があったのです。では、そもそも「昔」と言われる時代の円山公園から東山連峰にかけて、このエリアはどんな場として活用されていたのでしょうか。実はそこには、かつての京都の人びとが愛してやまなかった風景が広がっていたのです。

斜面眺望の遊興地：「六阿弥」の貸座敷群

人は展望台やタワー・山頂などから下方を眺め渡すことに幸福感を覚えますが、どうやら江戸時代に生きた人びとはとりわけ斜面からの眺望を愛した様子で、**江戸時代には日本各地で斜面眺望を活かした遊興地**が生まれました。江戸の上野山（現・上野公園）や飛鳥山、大坂の上町台地西斜面の料理屋、そして京都でも東山連峰の山裾斜面に数多くの遊興地が誕生したのです。現代の京都東山観光につながる「名所」の成立ですね。

そして斜面眺望の遊興地化の流れで、祇園社から真葛ヶ原を越えた東山連峰の西側斜面に、宴会や文化サロンを開催するレンタルスペース「貸座敷」が生まれました。それが先ほど紹介した江戸時代末の「円山安養寺夜景」（『都名所之内』）にも描かれた、真葛ヶ原の奥に白壁・門で囲まれた山裾斜面の屋根群だったのです。それらはもともと安養寺という時宗寺院の塔頭だったものが、座敷を遊客にレンタルするうちに貸座敷へと変化していった姿なのでした。真葛ヶ原の奥に位置する山裾斜面には、「左阿弥」「連阿弥」「春阿弥」「也阿弥」「正阿弥」「庭阿弥」と時宗寺院の塔頭に由来する屋号を持つ貸座敷群が生まれ、合わせて「六阿弥」と呼ばれていました。

江戸時代後期の『都林泉名勝図会』（1799年・寛政11年）には、山裾斜面に生まれた貸座敷が詳しく紹介されています。「庭阿弥」

「也阿弥」（『都林泉名勝図会』1799年・寛政11年　国立国会図書館蔵）彩色は著者

「庭阿弥」（『都林泉名勝図会』1799年・寛政11年　国立国会図書館蔵）彩色は著者

（端之寮）を見ると、斜面に大きく貼りだした巨大な三階建ての貸座敷が描かれていますね。座敷内部では斜面からの眺望を楽しみながら、芸者や太鼓持ちを招いて大宴会の真最中です。座敷の外には趣向をこらした庭園のしつらえも。またよく見ると、座敷内部や庭園では子どもたちの姿も描き込まれています。どうやら六阿弥の貸座敷では、家族連れも遊客に数多く含まれていた様子ですね。さらに同じく『都林泉名勝図会』から「也阿弥」を見ると、まさしく斜面から京都市街地を一望する見事な眺望が描かれていました。加えて、庭園には鶴が放し飼いとなっていて、格式張らずに老若男女が遊べるような様子も見て取れます。まるで現代の遊園地のような、大人から子どもまで、男性も女性も、京都市街地からちょっと歩くだけで楽しく時間を過ごせる空間が山裾斜面に生まれた六阿弥の貸座敷でした。そしてこれらの貸座敷は、次代の明治時代になると新たに生まれ変わることになりました。「近代ホテル」への変貌です。

林立するホテル群へと変化

社寺上知令（1873年・明治6年）によって祇園社と安養寺の境内の一部が没収されました。それを機に、六阿弥の貸座敷は新たな時代に対応した営業形態へと変化を遂げることになります。

1876年（明治9年）には、有名な金閣寺をさらに複雑にしたような楼閣建築「吉水温泉」がオープン。1879年（明治12年）には、今のウエスティン都ホテル京都の前身となる「也阿弥ホテル」も開業しました。江戸時代の貸座敷から近代ホテルへと、時代は変わっても人びとの斜面眺望への愛好を活かした業態に変わりはなかったのです。

当時の古写真を見てみましょう。1902年（明治35年）頃の絵葉書には「也阿弥ホテル」の威容が写し出されています。山裾斜面に張り出す形で作られた、四階建ての巨大ホテルがわかりますか。右側には道路を渡る朱塗りの欄干が付いた空中廊下もあって、ずいぶんと豪華な造りですね。業態が変わっても依然として斜面眺望への愛好が伝わるような写真です。

このように江戸時代の六阿弥の貸座敷から明治時代の近代ホテルまで、山裾斜面には数多くの建物が連なっていました。昔は円山公園から東山連峰の山裾まで不連続な風景だったと紹介しましたが、まさにこの貸座敷と近代ホテルこそがその原因だったのです。それが現代のように、円山公園から東山連峰まで一面の緑で覆われる「連続」した風景となるまでには、どんな経緯があったのでしょうか。

「也阿弥ホテル」（明治時代の絵葉書）

3 東山連峰の斜面

「植治と五二」最強タッグの空間デザイン

江戸時代から明治時代にかけて不連続だった東山連峰の山裾斜面の風景。そこには貸座敷や近代ホテルが建ち並んでいました。それが今のような風景になるまでには、**風景を「不連続」から「連続」へと人工的に再構成した空間デザイン**があったのです。

祇園のお茶屋街が四条通の北側から現在の南側へと移転する同時期、1912年（大正元年）から京都市によって今の風景につながる円山公園の再整備が実施されました。同じ頃に山裾斜面の近代ホテル、吉水温泉と也阿弥ホテルが火事で焼けて廃業したこともあり（1906年・明治39年）、現代の円山公園に相当するかつての祇園社境内東側から東山連峰の西側斜面に至るエリアを、一体的に再整備する事業がスタートしたのです。そこで現れたキーパーソンが、庭師・小川治兵衛と建築家・武田五一の二人です。

小川治兵衛は江戸時代後期から続く植木屋の七代目で、「無鄰菴」や「平安神宮神苑」など近代京都の代表的な作庭家でもあり、尊敬の念を込めて「植治」（植木屋治兵衛の略称）と呼ばれる人物です。一方、武田五一は「関西建築界の父」と呼ばれ、後に京都帝国大学教授に就任した建築家です。京都市役所や京都府立図書館などを設計しながら、京都のまちを近代都市に改造する担い手として力を発揮しました。この二人がタッグを組み、円山公園一帯を近代京都にふさわしい風景として再構築する作業に乗り出したのです。いわば「植治と五一」の名コンビ誕生といえましょうか。

円山公園の再構築：「連続」した風景の誕生

ではここで、今の円山公園の風景につながる、「植治と五一」の名コンビによるデザイン作業を見てみましょう。もともと、円山公園は地形的にも不連続な形状でした。つまりかつて祇園社の東裏にあった真葛ヶ原の平坦地と、そこから東山連峰につづく山裾の傾斜地の間を分断するように、桃山断層の断層崖の急傾斜が連なっていたのです。

そこで「植治と五一」のコンビは、この地形的な分断の解消に当たりました。平坦地と傾斜地の境界線上、つまり桃山断層の断層崖上に盛土造成を行うことによって、分断を橋渡しするかのような「地形の連続性」を作り出したのです。円山公園を東山連峰に向かって歩くと、**ゆるやかな角度の階段が東山連峰に向かって続いている地点**があります。

まさしくこの地点こそが、「植治と五一」によって実施された地形改変作業の結果でした。階段の横には有名な料亭もあり、今は風情ある風景ですが、実をいえば断層崖の上に人工的に盛土された緩斜面だったのです。さらにもともとあった斜面上、かつて貸座敷や近代ホテルが建ち並んだ範囲には、背の高い樹木を植樹することによって、斜面下から見るとあたかも東山連峰の頂上まで緑の絨毯が敷かれたような、「風景の連続性」をも用意しました。この盛土造成と植樹によって、地形的そして風景的な不連続性が解消されたのです。

「植治と五一」は、地形改変と斜面植樹に加えてさらなる一体化作業も実施しました。つまり円山公園

東山連峰に向かって延びる階段 B

円山公園を流れる「小川」

から東山連峰にかけて、「物語の連続性」を作り出す作業も行っています。**その鍵となる設備こそが、円山公園を今も東西方向に流れる「小川」の開削**でした。この小川は「植治と五一」による人工的な流路で、先ほど紹介した盛土造成の緩斜面に新設された小さな滝を源流としています。そして注目すべきは、この小川は上流から下流に向かって、風景がゆるやかに移行する「連続性」が強く意識されていることです。

　小川の上流部分は、大ぶりでゴツゴツした岩石が両岸や川床に配置されています。さらに小川上流部分の周囲には紅葉や百日紅など野趣にあふれた奥山の風景をほうふつとさせる庭木が植樹されました。一方、この小川は下流に向かうにしたがって、その姿をゆっくりと変えていきます。つまり小川の両岸・川床の岩石は小ぶりで丸みを帯びたものへ、さらに周囲の樹木は桜などの低木を中心に開放的な植樹へと変わってゆきます。そして最後には、円山公園名物しだれ桜近くに新たに設けられた庭池へと注がれます。小川河口の庭池自体も、小ぶりな庭石を横方向に寝かせた平明な印象を与える造りとなっています。

「小川」の最上流である滝

　つまり「植治と五一」のコンビは、円山公園を貫く小川の流れを軸に、

安養寺の階段

上流から下流にかけて歩く人々がいつしか奥山のような「自然」の空間から、平明で開放的な「人工」の空間へとゆるやかに移行する時間自体も造り出していたのです。まさしく、円山公園自体がひとつの「連続した物語」であるかのようなデザインだと思いませんか。とても用意周到かつ洗練されたデザインを、「植治と五一」のコンビは円山公園の連続した風景を作り出していたのです。これによって初めて、私たちが〝京都らしい〟と感じる円山公園から東山連峰にかけての連続した一体的な風景が誕生しました。普段当たり前と感じている風景は、実に歴史的に構築されていることを円山公園のデザインから感じます。

安養寺の境内から、四条通が延びる市街地を眺める C

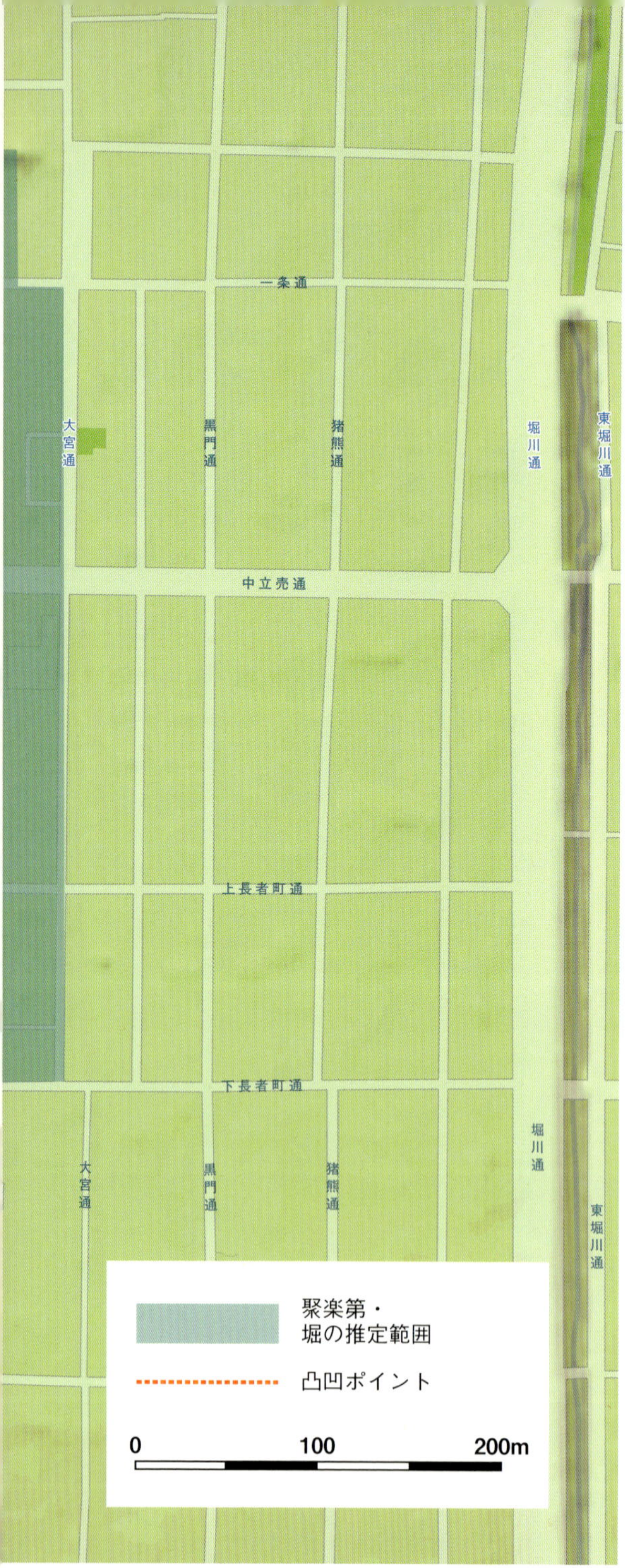

洛中なのに「郊外」的!?
京都のど真ん中に
巨大な凹地あり。

聚楽第

Jurakudai

北之丸北堀跡：
住宅地の段差
1
A
B
笹屋町通
浄福寺
智恵光院
一条通
千本通
浄福寺通
裏門通
智恵光院通
松屋町通
ライフ
勝福寺
中立売通
2
土屋町通：
見上げる急坂
正親小
土屋町通
5
上長者町通
空き地になった
聚楽第
辰巳
児童公園
下長者町通
千本通
浄福寺通
裏門通
智恵光院通
松屋町通
出水通
松林寺：
堀底のお寺
4
3
畑になった聚楽第
松林寺
昌福寺
山中油店

聚楽第とは、豊臣秀吉が政権の中枢として築いた城郭です。天守と御殿さらには高石垣と広大な堀を備えた本格的なつくりで、天皇行幸もあった城でしたが、１５８７年（天正15年）に完成後、甥・秀次が失脚した政権内部の混乱によって１５９５年（文禄4年）に廃城となりました。聚楽第は10年に満たないわずかな期間で廃城となったため、「まぼろしの城」として知名度や人気も高いようです。

聚楽第を描いた当時の絵画史料は極めて数少ないですが、近年発見された「御所参内・聚楽第行幸図屏風」には天皇行幸を迎えた様子が詳しく描き出されています。高層の天守や屋根上に大きな龍の装飾をのせた行幸御殿、そして石垣や櫓門で厳重に守られた姿は、華麗で豪壮な姿をありありと伝えていますね。

また、聚楽第の跡地からは発掘調査によって石垣列や金箔瓦が地下から発見されて、具体的な姿も少しずつ判明してきました。同時に周辺には、現在の市街地のなかに段差や凹地が集中して、遺構を思わせるような凹凸地形を見せています。聚楽第は、どんな姿を今も留めているのでしょうか。

「御所参内・聚楽第行幸図屏風」（桃山時代　上越市・個人蔵　上越市立総合博物館寄託　部分）

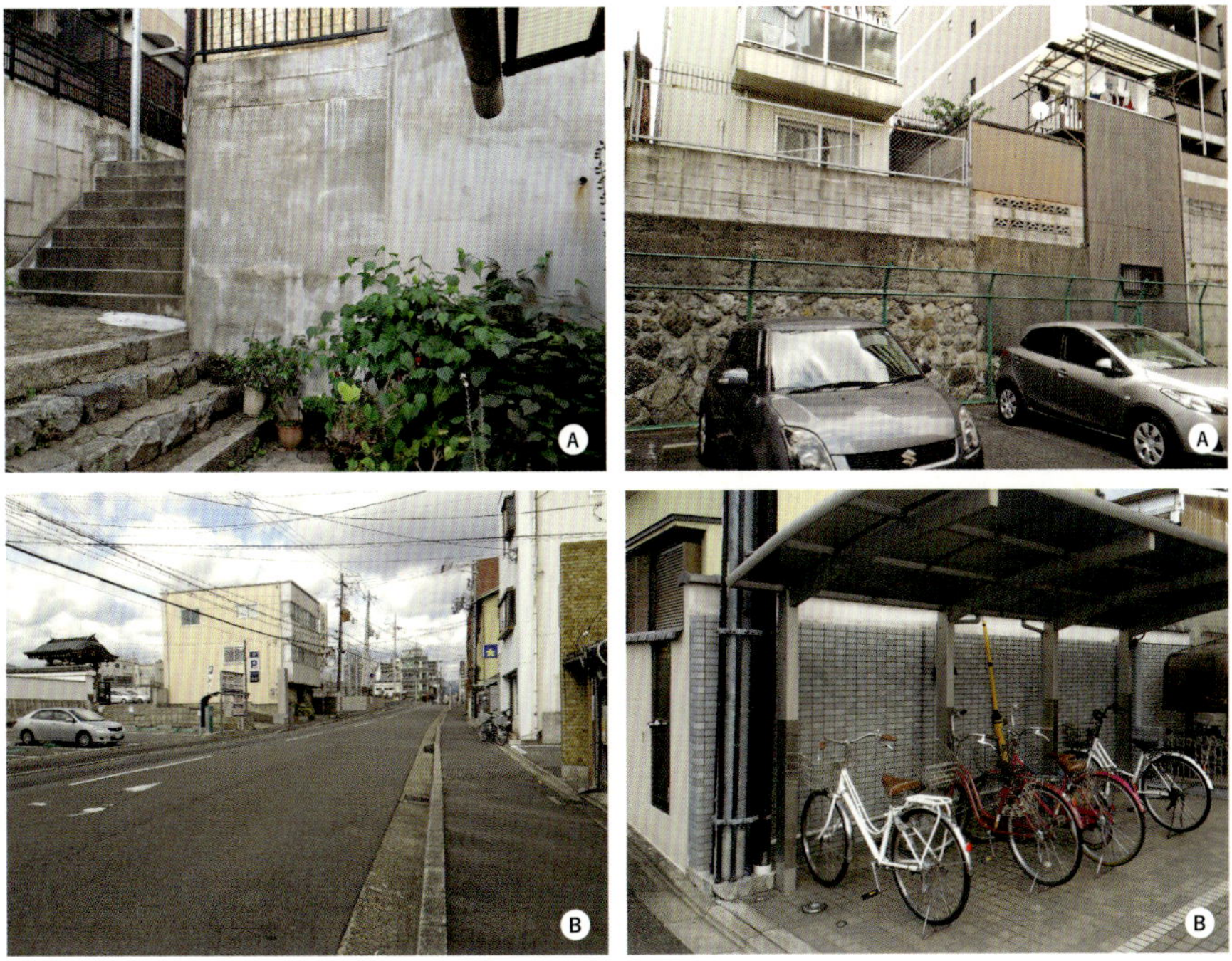

「北之丸北堀跡」に連なる段差

1 北之丸北堀跡

住宅街に3メートル級の段差

世界遺産二条城の約1km北側、「一条通」と「智恵光院通」の交差点から東側の地点は町家やマンションがならぶ市街地ですが、高さ3m以上の段差が生じています。段差は東西に約150mも連なって、町家間の路地はすべてこの段差で行き止まりになっているほどですA。

この見上げるような高さで連なる段差は、聚楽第北之丸の北堀跡と推定される地形です。平坦な周囲に比べると、たしかに遺構を思わせる存在感ですね。この地点からは、1997年の発掘調査で石垣石材も出土しています。

またこの東西に延びる段差の西側と交差している智恵光院通にも路面上に斜面があり、もしかしたらこれも北堀跡の段差かなと連想してしまいます。道路沿いの住宅とマンションの境には、高さ数十㎝の段差も生まれていますねⒷ。住宅勝手口と隣のマンション敷地の高さが明らかに異なっています。

2 土屋町通
自転車乗り泣かせの急坂出現

「千本中立売」交差点を東に進み、中立売通と交差する一本目の道、「土屋町通」を南に入ると急勾配の斜面が現れます。自転車を降りて押さなくてはいけないような急坂ですね。さらに斜面の両側には、住宅地の間をぬって東西方向に150m以上の長さで段差も続いています。一連の凹凸地形として見てよさそうなこの連続段差も、やはり聚楽第の堀遺構と考えてよさそうです。

またこの段差は東西方向ばかりでなく、西側で南北方向に屈曲もしています。**どうやら土屋町通周辺は、段差で囲まれたひとつの大きな凹地をなしている**ようですね。その規模を地図で確認すると、東西約170m、南北約50mの長方形です。まるで聚楽第の堀が埋まらずに、そのまま凹地になったかのような地形をしています。

3 松林寺
堀底のお寺

さらに千本中立売交差点から南東に約500m、有名な老舗「山中油店」北側の「松林寺」は、境内全体が大きな凹地に立地しています。北門をくぐると、階段が下り坂でまっすぐ境内に延びている様子はとても特徴的ですね。こちらも聚楽第の外郭南堀と推定される地点です。境内

土屋町通を見つめる著者

松林寺境内の階段

墓地がちょうど凹地のもっとも低地部分に位置していて、何列にも連なる墓石を見ると、まさに「堀底のお寺」といった雰囲気を感じてしまいます。聚楽第遺構とされる代表的な風景でしょうか。

また周囲を歩くと、寺のさらに外側にも段差が連なっている様子が見て取れます。**境内の北側の「出水通」周辺から松林寺にかけて、東西約400m、南北約100mの巨大な長方形の凹地**が生じています。こ

巨大な凹地に位置する松林寺墓地

のなかに、松林寺の凹地が入れ子のようにすっぽり収まる規模ですね。果たして、この巨大な凹地そのものも聚楽第の堀遺構と考えてよいでしょうか。一般に聚楽第のような近世城郭は、鉄砲の射程距離が約70ｍのため、堀幅はそれ以上あれば役割をじゅうぶんに果たすことができました。たとえば日本最大級の堀をもつ江戸城は堀幅が最大で約80ｍ、大坂城で約75ｍとなっているほどです。それに対して、松林寺周辺の巨大凹地そのものを堀遺構と考えると堀幅は約１００ｍ。いくらなんでも堀としては大きすぎるように思えます。

では聚楽第の遺構としては、規模が大きすぎる凹地をどう考えればよいのでしょうか。これまで見てきたように、聚楽第のかつての範囲には現在も数多くの特徴的な凸凹地形が残されています。注意が必要なのは、それぞれの段差や凹地がもともと聚楽第の遺構に由来するものであったとしても、それがそのままタイムカプセルのように保存されたわけではないということです。聚楽第の存続期間はたった8年でしたが、廃城後から現在に至るまでは４００年以上の期間が経過しています。その間にさまざまな変化が生じたことは、容易に想像できるでしょう。つまり「その後の聚楽第」が問題なのです。

4 畑になった聚楽第

堀跡から生まれたごぼう

ここで江戸時代前期（１６３７年・寛永14年）の古地図「洛中絵図」を見てみましょう。この地図は京都初の測量図として、当時のまちが克明に描かれていますが、聚楽第推定図を重ねてみると、すでに市街地化が進行した様子がうかがえますね。かつての本丸は智恵光院通や中立売通の道路がエリアを貫通して町家も建ち並んでいます。一方で外郭は、西側を中心に「野畠」と記載されて、野原や畑が広がっています。先ほどの松林寺は江戸時代前期末の元禄年間（17世紀末から18世紀初頭）に現在地に移転してきたため地図には描かれていませんが、その地点はちょうど野畠に収まる形となっています。またその野畠自体も東西

堀川ごぼう（聚楽ごぼう）
写真提供：京都市農業振興整備課

方向に横長に延びていて、あたかも聚楽第の外郭南堀の姿をなぞっているような形です。

ここで興味深い逸話として、伝統京野菜「堀川ごぼう」誕生に関するエピソードが残っていました。堀川ごぼうは別名「聚楽ごぼう」といって、聚楽第の堀跡に捨てたゴミから大きく育ったごぼうに由来するのだそうです。「洛中絵図」に描かれたように、堀跡は江戸時代に畑として活用されていたのでしょうか。

5 空き地になった聚楽第

活用されたからこその巨大さ?

江戸時代中期（1717年・享保2年）に成立した役人用の業務手引『京都御役所向大概覚書』には、当時の京都にあった「明地（空き地）」の一覧が記されています。そのなかに「聚楽内野割余り明地七ヶ所」「同所土取場跡」が記載されていて、空き地総面積（約2万坪）のうちで約1万坪となんと55％を占めていました。これが「洛中絵図」に描かれた野畠のうち、「野」に相当するものでしょうか。江戸時代の京都にとって聚楽第は、畑と同時に広大な面積を占める空き地として認識されていたようです。また土取場跡という記載も重要で、聚楽第跡地が住宅用などの採土場だったことを示しています。採土の過程で、もともとの遺構が大きく改変されたことがうかがえますね。

ゴミ捨て場になった聚楽第

さらに『京都御役所向大概覚書』を見ると、「塵捨場（ゴミ捨て場）」の一覧も記されていました（P52参照）。そのなかに「聚楽天秤堀之西新町之東裏」として聚楽第跡地も記載されています。堀川ごぼう（聚楽ごぼう）のエピソードからも分かるように、聚楽第はゴミ捨て場になっていたのですね。

所々明地之事（京都御役所向大概覚書三）

聚楽内野割余り明地七ヶ所	10048坪
同所土取場跡	1818坪
鷹峯御薬園明地	5600坪
横大路金丸又左衛門上ヶ屋敷跡明地	2192坪
寺町裏通御所役人三上左衛門尉屋敷東ヨリ北へ折廻シ空地	550坪
寺町裏下御霊北地続明地	380坪
土手町跡近衛殿屋舗南隣	300坪
東山真如堂門前四ヶ寺後空地	300坪
荒神町寺町東へ入北側明地	250坪
寺町通竹屋町下ル町大和局上ヶ地跡明地	180坪
東山真如堂後黒谷境長刀坂之上ニ之有空地	56坪
寺町裏長崎伊予守組屋敷前明地	50坪

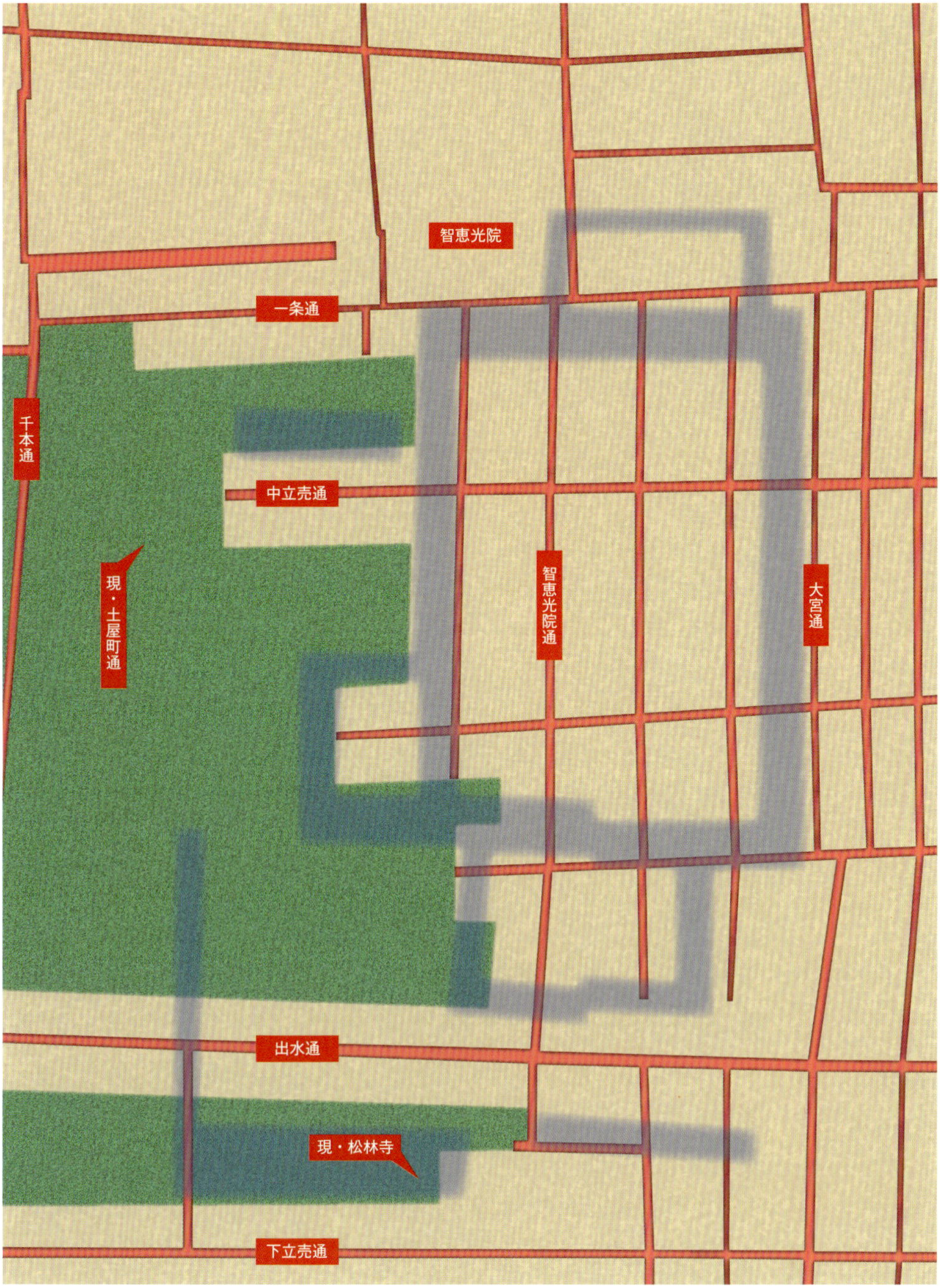

「洛中絵図」（1637年・寛永14年）トレース・彩色は著者　緑は「野畠」、水色は「聚楽第・堀の推定範囲」

ちなみに他のゴミ捨て場は寺町や御土居（土手）といった当時の市街地の周縁地帯に立地していることから、聚楽第跡地も同様に当時は中心ではなく周縁と認識されていたのでしょう。遺構の凹地が点在するうえに、市街地の内部ではない場所の立地もゴミ捨て場としてふさわしかったのでしょうか。

このように聚楽第の跡地は、江戸時代には畑・空き地・土取場・ゴミ捨て場として活用されていました。当時の京都にとって欠かすことのできない、生活資源としての姿がそこにはありました。まさしく聚楽第は、住民にとって生活史の一部だったのですね。またさまざまな形で活用されていたからこそ、もともとあった遺構の旧地形が徐々に拡大して、先ほどの松林寺周辺のような巨大な凹地を生んだとも考えられます。

そしてなにより、生活資源として町家が建てられず広い空間として残された結果、後世の破壊を免れて数多くの遺構が現在も凹凸地形として姿を留めているのではないでしょうか。まぼろしの城だったはずの聚楽第が、今も痕跡をまちなかに残す理由がたしかにあったのですね。**そしてそれは聚楽第の遺構そのままではなく、長期にわたる生活の痕跡が積み重なった姿**だったのです。「その後の聚楽第」から、人びとの暮らしが浮かび上がるように思えませんか。

洛中塵捨場之事（京都御役所向大概覚書二）

1	室町頭小山口明地
2	今出川口川東長徳寺北川端
3	二條口河原頂妙寺北川端
4	七條出屋敷木津屋橋東少將藪之内
5	同所木津屋橋西祐光寺藪之内
6	三條通西土手東際
7	聚楽天秤堀之西新町之東裏

右七ヶ所高札建之、元禄八亥年申付之

堀底の寺・松林寺の階段を境内から

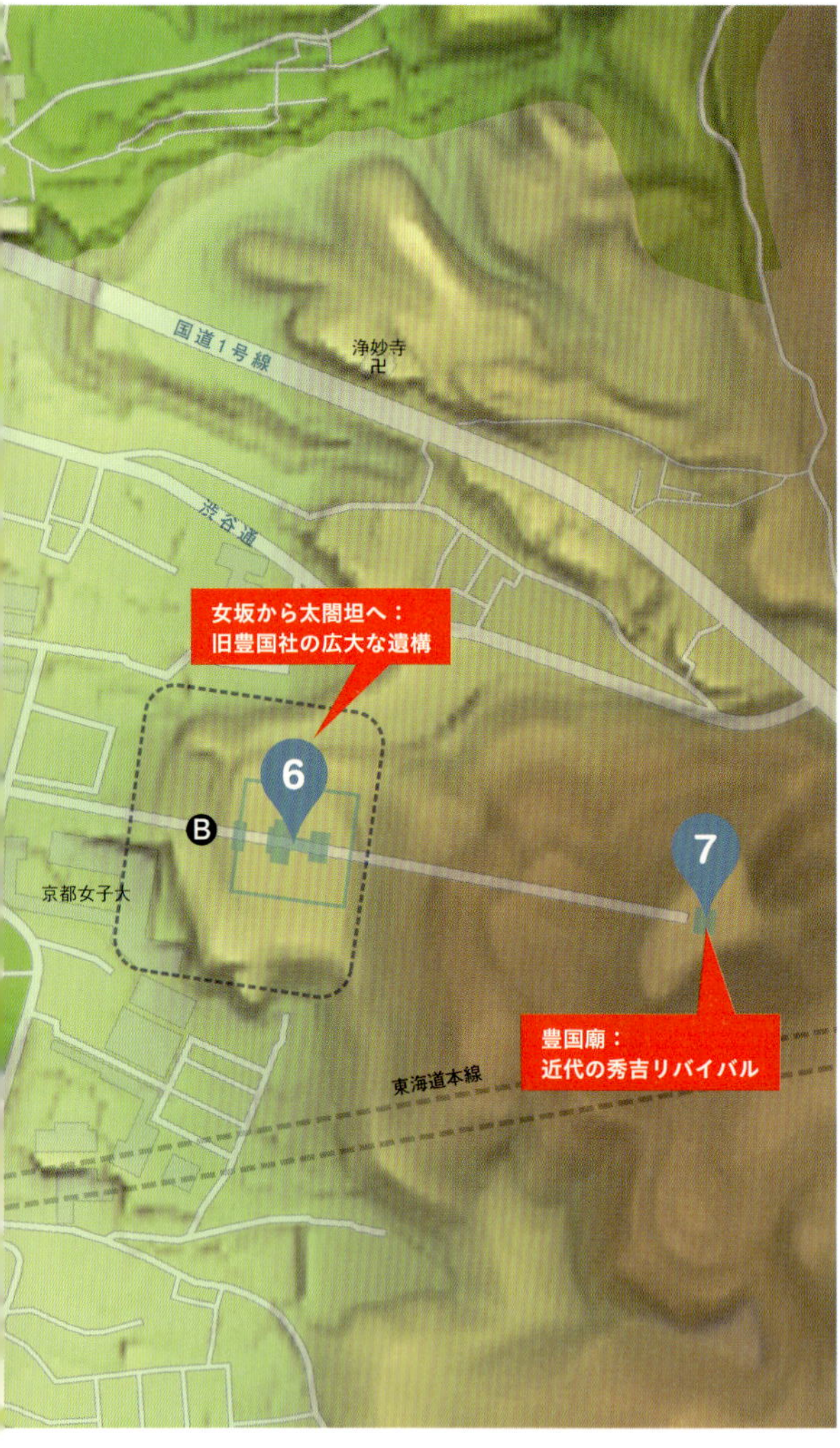

江戸時代は
京都観光のメッカだった！
今はなき巨大な「大仏様」

大仏

Daibutsu

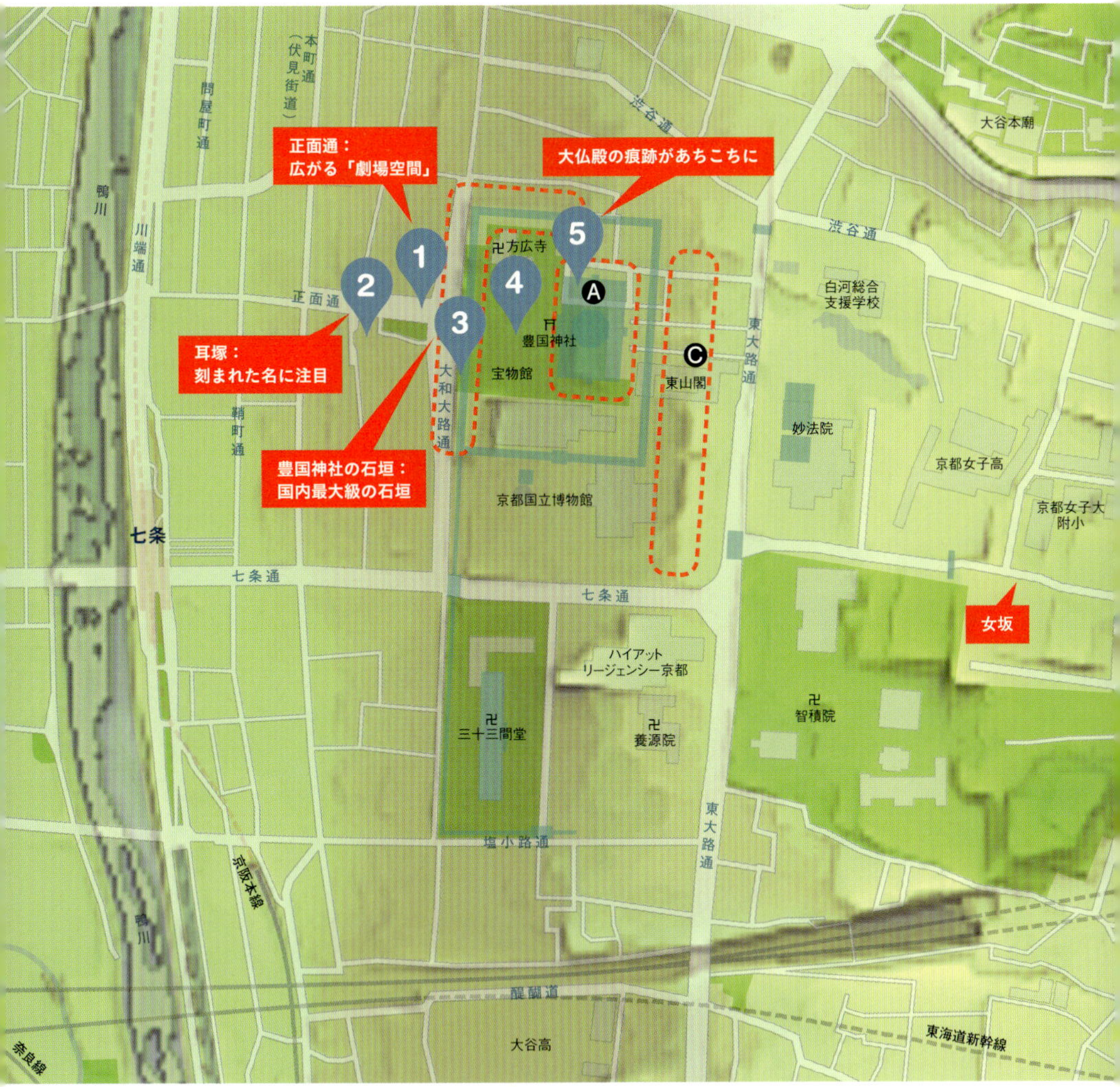

大仏・旧境内にあった建物の範囲

凸凹ポイント

0 100 200 300m

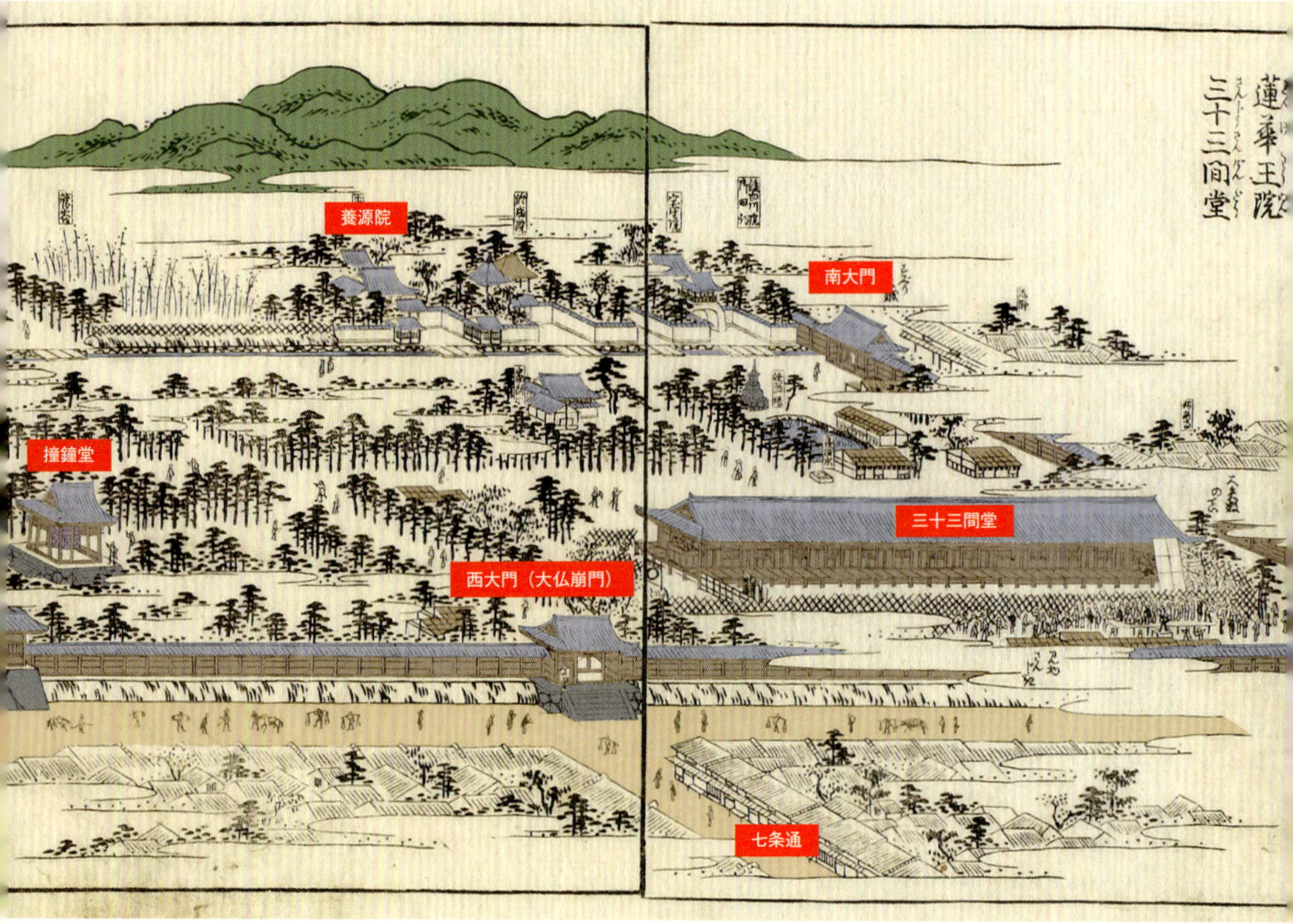

「東山七条」交差点付近は三十三間堂や京都国立博物館がならぶ観光地ですが、かつてそれらをしのぐ京都最大のランドマーク「大仏」があったことを知っていますか。江戸時代後期まで、京都を描いた絵画史料には必ずといってよいほど登場する有名な場所でした。たとえば１７８０年（安永9年）に出版された『都名所図会』には、三十三間堂を境内の一部に含んだ広大な姿が描かれています。かつてここには、「大仏」と呼ばれた一大空間が広がっていたのです。

大仏は豊臣政権による記念碑的建造物として、１５８８年（天正16年）に秀吉が築造を開始後、１６１４年（慶長19年）に次の秀頼の代になってようやく完成しました。親子二代足かけ26年、まさに政権を象徴する建造物だったのでしょう。その後、江戸時代に入っても大仏は京都

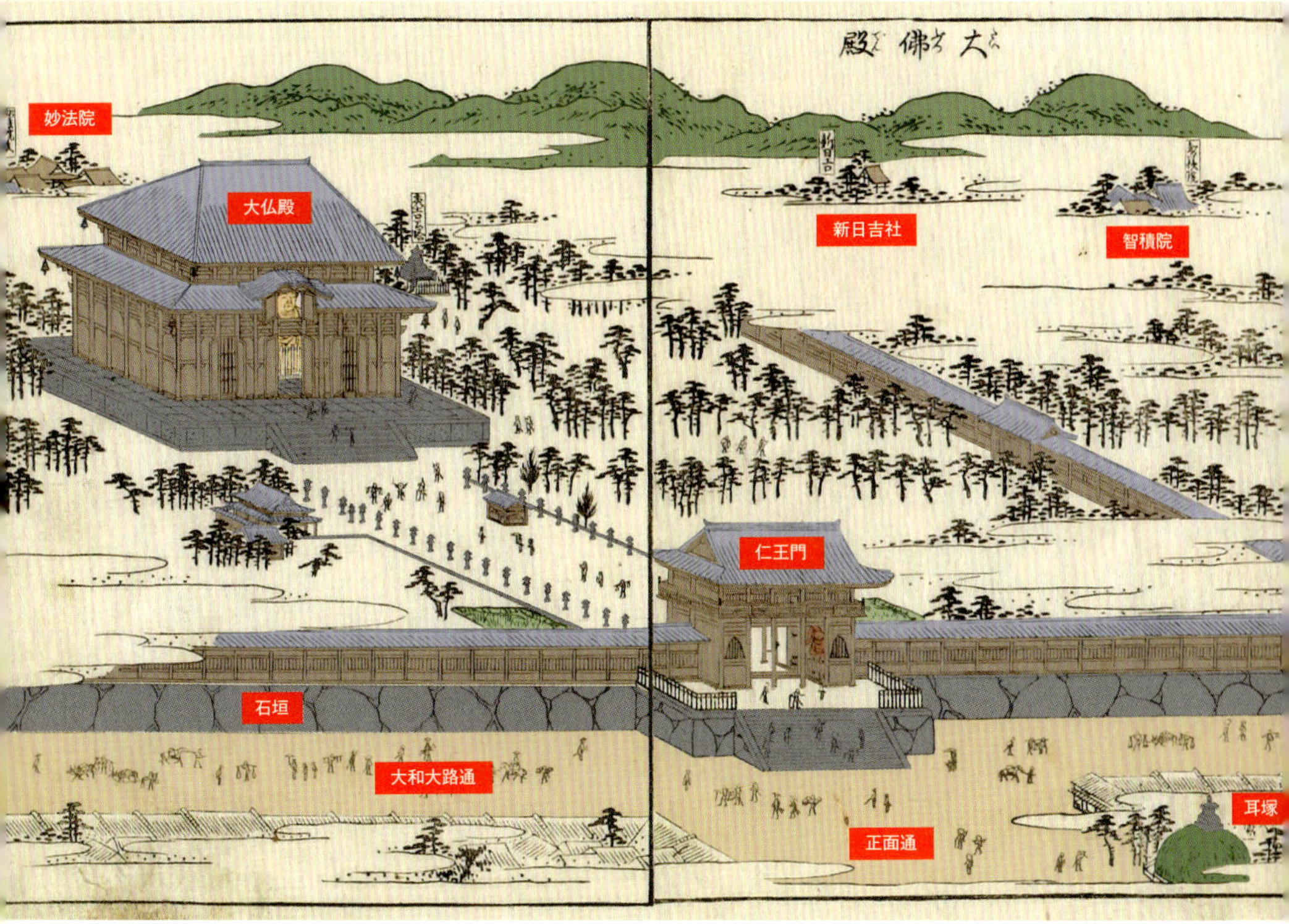

蓮華王院三十三間堂（『都名所図会』1780年・安永9年　国立国会図書館蔵）ラベル・彩色は著者

を代表する風景として、さまざまな「洛中洛外図屏風」にもお約束の構図として描き出されました。しかし1798年（寛政10年）、運悪く落雷によって大仏殿ほか主要伽藍は炎上してしまい、再建された仮堂も1973年（昭和48年）に失火焼失してしまいました。境内中心部は現在、方広寺・豊国神社・京都国立博物館に分割されて、文字通り見る影もないといった印象ですが、豊臣政権が総力を挙げて築いた大仏はあまりに巨大すぎたのでしょうか、一帯に数々の遺構が残されています。

1 正面通
道幅広がり「劇場」に

京阪本線「七条駅」から北へ歩くと、ひとつ目の交差点から東へ、「正面通」という名の道路が延びています。この道路は文字通り、かつて大仏の正面へ向かう参道として豊臣政権によって新造されたものでした。東に進むと本町通（伏見街道）との交差点から、突如として道幅が広くなります。その規模は道幅約25mで、道幅5m未満の細い道路が集まる周囲とは隔絶された風景となっています。さらにこの正面通は同規模の道幅をもつ「大和大路通」と交差して、巨大な空間が目の前に現れたような印象を抱かせます。**実はこの風景こそ、豊臣政権が用意した「広場」**なのでした。豊臣家滅亡前の1606年（慶長11年）に描かれ

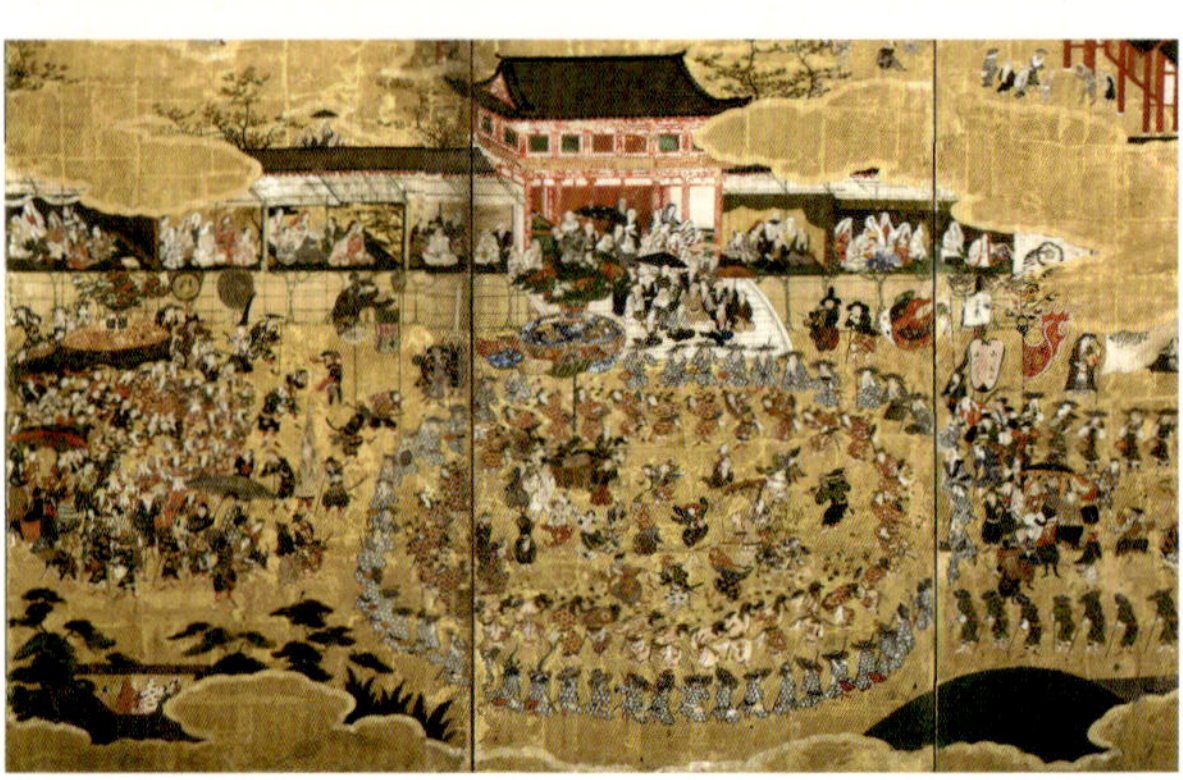

「豊国祭礼図屏風」（1606年・慶長11年　豊国神社蔵）
上：左隻全体（大仏殿の一帯）
下：左隻部分（正面通・大和大路通の広場状空間）

正面通と大和大路通の交差点

道幅が広い正面通

た「豊国祭礼図屏風」からは、数多くの人びとがこの広場で舞い踊る劇場型の空間が見て取れます。現代の地図で確認しても、正面通と大和大路通の交差点にT字形の広場状空間を確認できますね。

2 耳塚
刻まれた名は一流芸能人の証

正面通に接して南側は古墳を思わせるマウンド「耳塚」がそびえています。これは豊臣政権による朝鮮侵略の死者の供養塚です。この耳塚ですが、目立つ存在感からか、江戸時代を通じて人気観光地となったようです。江戸時代後期、1799年（寛政11年）出版の『都林泉名勝図会』には「オランダ人、耳塚を観る」と題された図も掲載されていました。外国からの賓客も訪れるほどの場所だったというわけでしょうか。

注目は、耳塚周囲の石柵に刻まれた奉納者の氏名です。歌舞伎役者の「片岡仁左衛門」「松本幸四郎」「中村鴈治郎」、さらに伝説の浪曲師「桃中軒雲右衛門」、そしてオッペケペー節で有名な新派劇創始者「川上音二郎」と、その妻で日本初の女優「川上貞奴」といった近代の一流芸能人の名が刻まれています。実はこ

正面通に面して立つ耳塚

「オランダ人、耳塚を観る」（『都林泉名勝図会』1799年・寛政11年　国立国会図書館蔵）彩色は著者

耳塚石柵の奉納者氏名

の石柵は、秀吉没後300年を記念して1898年（明治31年）に建立されたものでした。ちなみに呼びかけ人は、石柵正面のひときわ目立つ位置に名が刻まれた「小畑勇山」という人物。伏見在住の「侠客」で芸能界にもコネクションがあったため、耳塚整備事業に一役買ったということでした。この小畑勇山ですが、他地域でも神社などで石柵を奉納しています。京都市内の各所で散見できるので、興味のある方はぜひお探しください。知られざる近代京都人の姿です。

3 豊国神社の石垣

大仏工事でダンスパーティ!?

正面通の東側の道路の突き当たりが「豊国神社」です。1875年（明治8年）、明治政府によって建立されました。正面鳥居の両側に巨大な石垣が見えますね。この石垣はもともと、大仏殿と周囲の回廊で構成された「大仏殿院」の基壇として築造されたものでした。安土桃山時代の貴重な石垣です。石材ひとつひとつが高さ3m以上で、まちがいなく日本最大級の石垣といっていいでしょう。築造当初は大仏殿院の西南北の三面を囲んでいて、今も豊国神社正面から京都国立博物館の敷地内、さらには住宅地の路地のずっと奥まで延びています。

この石垣で囲まれた大仏殿院の敷地は、豊臣政権によって新たに造成された壇状地形です。もともとの地形は東山連峰からの緩斜面と浸食谷が延びたものでしたが、それらを埋めて今のような上部が平坦な壇をつくりだしたのです。規模は南北約260m、東西約190m、容積が単純計算で約5万5000立方m。2トントラックに換算すれば、およそ2万8000台分もの容量となります。すさまじい土木量だと思いませんか。また造成した地盤強化のために、完成前には「洛中上下の衆」四千人が動員され、壇の上で「飲酒下行して踊らせらるる」と当時の僧侶日記に記されています。いわばダンスパーティが地盤工事用に開催されたのですね。

大仏殿院の巨大石垣

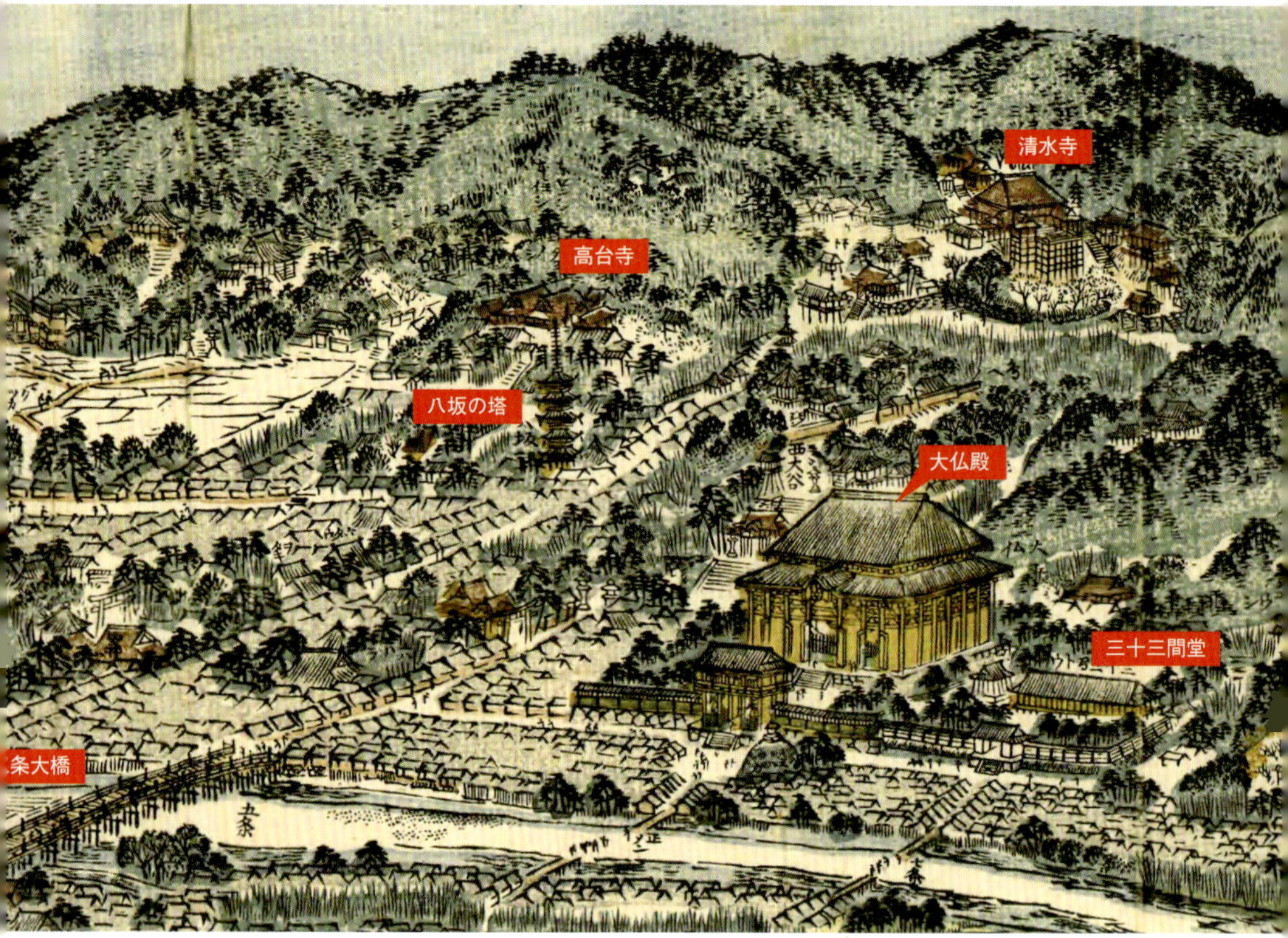

「花洛一覧図」（1808年・文化５年　国立国会図書館蔵　部分）ラベルは著者

4 豊国神社の境内
大仏殿の名残りが足下に

豊国神社の境内に入ってみましょう。もともとは現鳥居の位置に豪壮な二層の仁王門、両側には複廊型式の回廊、さらに正面には巨大な大仏殿がそびえ立っていました。その威容は落雷焼失後に描かれた「花洛一覧図」（1808年・文化5年）に、周囲を圧倒する大きさで表現されています。今の境内中心部に建つ国宝唐門は明治以降に南禅寺金地院から移築されたものですが、その背後に巨大な大仏殿の姿があったのです。

ところで境内参道を歩くと、参道敷石のなかに赤色でヒビが入ったものが見つかりませんか。これは明治以降の豊国神社整備の際、かつて大仏殿の床を飾った敷石が転用された結果です。落雷焼失の焼損痕がヒビ

豊国神社境内の焼損敷石

豊国神社周辺の巨大礎石

や変色として残っているわけですね。また境内周辺には、柱座や線刻が彫り出された礎石も点々と転がっています。足下にひっそりと、貴重な大仏殿の遺物が置かれていました。

5 大仏殿の遺構
広範囲に残る基壇の跡

豊国神社境内を南側に回ってみましょう。現在は宝物館が建っている周辺から北側を望むと、**人間の身長をはるかに超える高さ約3mの大きなマウンド**が姿を現しています。これこそ大仏殿本体の基壇遺構です。そこにかつては像高約19mの大仏を内部に納めた、南北約103m、東西約65mの巨大な大仏殿が建っていました。落雷焼失後は位置を変えて仮堂が再建されましたが、もともとの基壇は凸凹地形として今も残って

大仏殿遺構の巨大マウンド

いるのですね。昭和初期から第二次世界大戦後まで編集が続けられた「京都市明細図」を見ると、豊国神社の背後に基壇遺構が焼失前の規模のまま旧状を残していた様子がよくわかります。

現在、かつての基壇上面は「大仏殿跡緑地公園」としてきれいに整備されています。発掘調査で出土した大仏殿内部の大仏台座や柱用の礎石も、位置がわかるように地面に表示されているのでぜひ確認してみてください。さらに遺構の北半部は戦後に住宅地化されましたが、よく見ると基壇に相当する範囲で道路上に斜面や段差が生じています。また住宅地自体も周囲から高い位置にありますね。豊国神社や公園の外側でも、遺構が広範囲に確認できるところはさすが巨大大仏殿といえるでしょうか。

そして想像してみましょう。もし

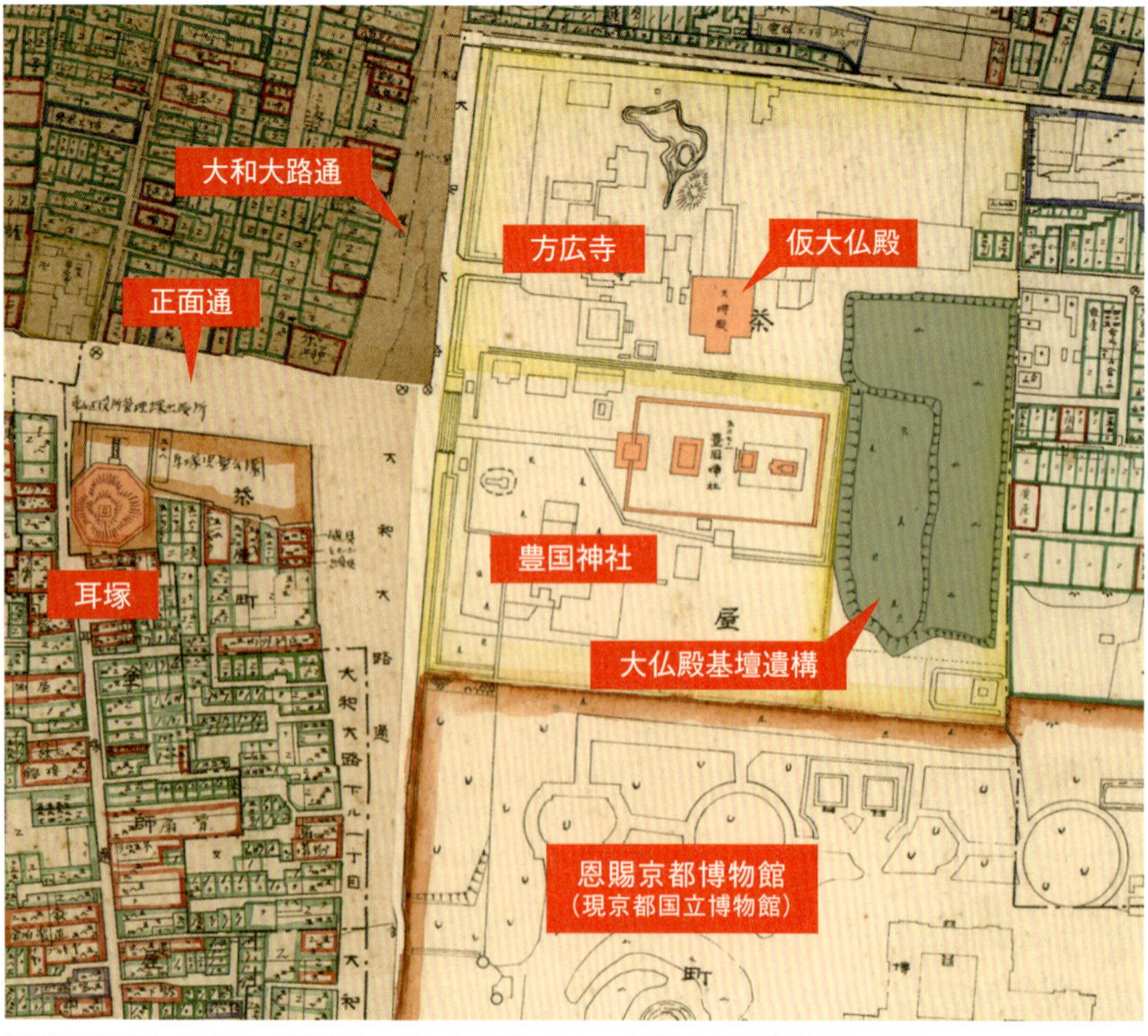

「京都市明細図」（1927年・昭和２年〜1951年・昭和26年　京都府立総合資料館蔵　部分）
ラベル・一部彩色は著者

大仏殿跡緑地公園に表示された礎石・大仏台座

大仏殿跡の斜面や段差 A

も大仏殿が落雷焼失していなかったらと。運がよければじゅうぶんにありえたことです。おそらく京都観光の動線は、今とまったく違っていたことでしょうね。ここを目指して、世界中から観光客が押し寄せているはず。そんな想像が自然と生まれてしまうほど、魅力的な遺構の数々です。

6 女坂から太閤坦《だいら》へ
スケールが大き過ぎる遺構

豊国神社から東へ進み、東山観光の幹線道路である「東大路通」に出ましょう。実は豊臣政権の記念碑的建造物だった大仏は、現在の豊国神社や方広寺の境内にとどまらず、東大路通からさらに離れた京都女子大学が位置する範囲まで一連の空間となっていました。その範囲に含まれ

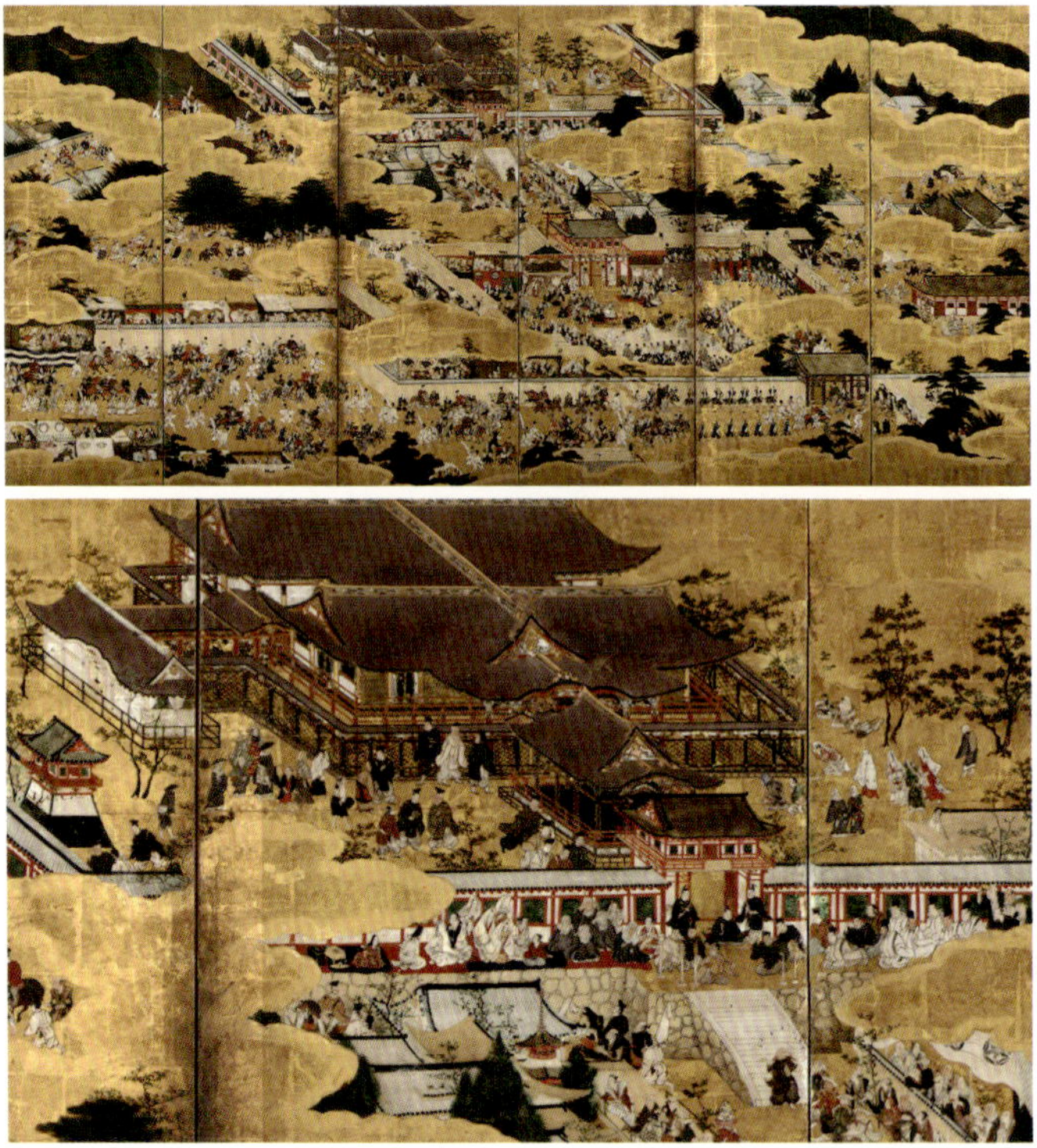

「豊国祭礼図屏風」(1606年・慶長11年　豊国神社蔵)
上：右隻全体(現代の女坂から太閤坦あたり)
下：右隻部分(豊国社：現代の太閤坦をクローズアップ)

る妙法院や智積院も、もともとは大仏境内を構成する付属寺院だったのです。いやはや、なんと広大な空間でしょうか。

東大路通と交差して東山連峰の方向に延びる長い坂道を進みましょう。京都女子大学の通学路として「女坂」と呼ばれる道路ですが、豊臣政権当時は大仏の「奥の院」的な空間につながっていました。つまり秀吉の霊廟である「豊国社」へ向かう参道だったのです。豊臣家滅亡前、沿道には大名屋敷や「十二坊」と呼ばれる寺院群が軒を連ねていたようです。

この女坂を進んだ先は、**高さ約10mの見上げるような段差があり、道路は行き止まり**となっています。この段差こそ、豊国社の境内遺構の西の端ですⒷ。現在は土がむき出しの斜面ですが、「豊国祭礼図屏風」によれば前面に石垣が連なっていました。そして段差を上がると、そこには南北約130m、東西約100mの広大な平坦地が広がっています。これが現在「太閤坦《たいこうだいら》」と呼ばれている、かつての豊国社境内です。この場所に秀吉を「豊国大明神」として神格化した、豪華絢爛な社殿が林立していたのです。豊臣家滅亡後、徳川政権によって朽ちるに任せて廃絶した豊国社ですが、東山連峰・阿弥陀ヶ峰の山裾に造成された段差と平坦面は、規模が大きすぎて凸凹地形として残り続けたのですね。

7 豊国廟
近代の秀吉リバイバル

太閤坦の平坦面から阿弥陀ヶ峰の山頂に連なる石段は、秀吉霊廟の本体「豊国廟《ほうこくびょう》」につながる参道です。約500段の長い長い石段を登った

上：豊国廟に向かう長い石段
下：太閤坦の正面段差 B

先、現在秀吉の墓とされる高さ約10mの巨大な五輪塔がそびえています。豊国廟自体は耳塚整備事業と同時期の秀吉没後300年の1898年（明治31年）に、豊臣家ゆかりの旧大名家が結成した「豊国会」によって再建されました。設計は近代を代表する建築家・伊東忠太です。秀吉の墓は徳川政権によって廃絶されましたが、近代以降の秀吉顕彰のながれでクローズアップされたのです。

この豊国廟から耳塚周辺まで東西約1・5㎞の広大な敷地が、すべて大仏というひとつの空間だったことを想像できるでしょうか。まさしく豊臣政権の記念碑的空間、政権のサンクチュアリといえるような象徴的空間だったのですね。そして想像を絶する規模はあまりに巨大すぎて、誰も消し去ることができず、徳川政権から近代そして現代にいたるまで、今も数多くの巨大遺構が残されているのです。

上：現在の豊国廟
下：豊国社跡地（太閤坦）

MINI
COLUMN

「大仏」の名称

今日、大仏は「方広寺」と呼ばれる寺院として知られています。しかし方広寺の名称は、豊臣家滅亡から50年後の江戸時代前期（1665年・寛文5年）までしか史料でさかのぼれません。ではもともと何と呼ばれていたのでしょうか。どうやら一帯は単に「大仏」とよばれていたようです。今も周辺には「大仏前交番」や「大仏前郵便局」が所在しています。さらに「大仏」と地名が貼られた電柱も数多く立っています。

桃山断層

大仏殿跡緑地公園の東側、東大路通の脇に高さ約3～5mの急斜面が生じています Ⓒ。この斜面はそのまま南北方向に連なっていて、京都国立博物館の敷地内にまで延びています。実はこれは「桃山断層」の断層崖で、京都盆地をつくり出した巨大なエネルギーの産物なのでした。

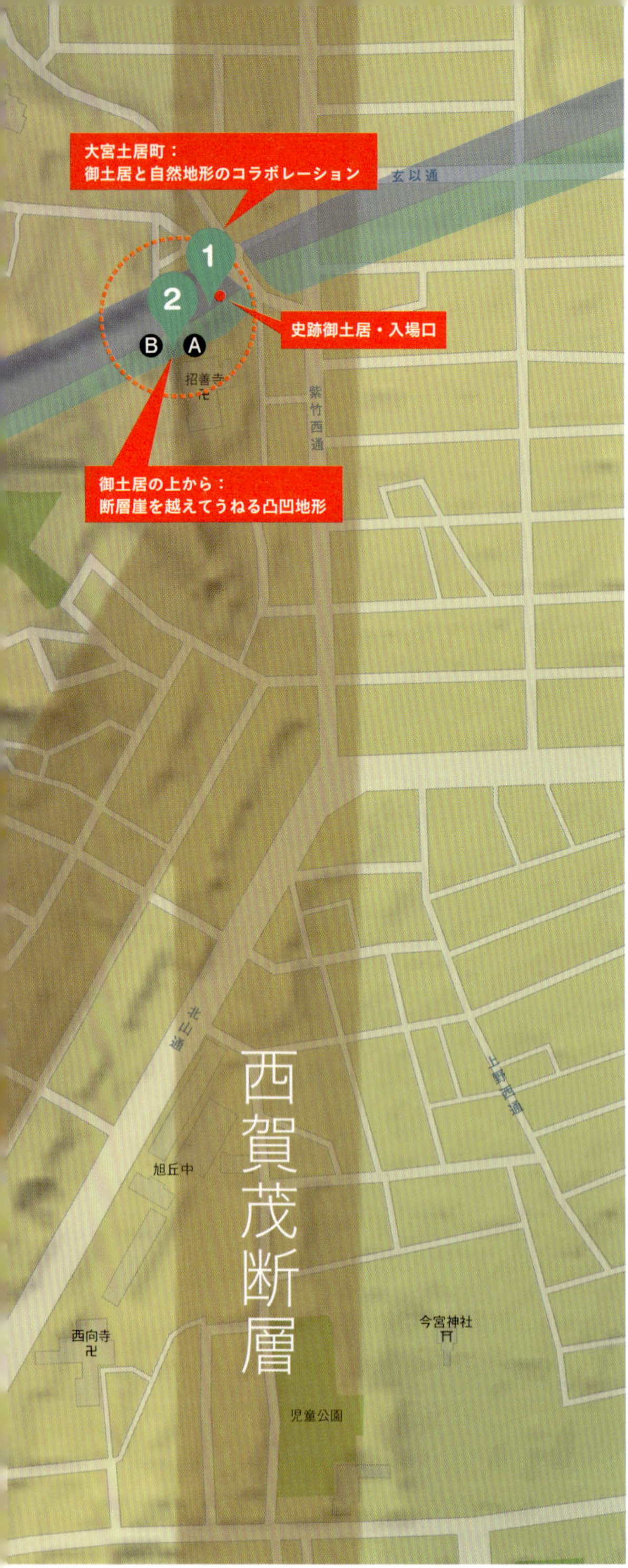

4ヶ月で京都を囲い込む
超短期工事！
秀吉の〝はんなり〟じゃない
巨大城壁。

御土居（前編）

Odoi

清泰庵
瑞芳寺
鷹ヶ峰街道（千本通）
史跡御土居・入場口
3
史跡御土居・入場口
4
鷹峯旧土居町：
住宅地に残る「土地の記憶」
御土居北西隅の屈曲点
●都本舗　光悦堂
長坂口：
京都北部の出入り口
河岸段丘を活用する御土居
5
鷹ヶ峰御薬園跡：
対照的なまちなみを読み解く
金蓮寺
しょうざん
鷹ヶ峰
児童公園
誠心寺
紙屋川
西野山撓曲
御土居史跡
公園
御土居の土塁の範囲
御土居の堀の範囲
凸凹ポイント
0
100
200m

「御土居」とは1591年（天正19年）、天下統一を果たした豊臣政権が京都のまちを囲むように築いた城壁です。全長はなんと約23㎞。東京のJR山手線（全長約21㎞）以上の規模でした。全体像は巻末P150のマップをご覧ください。

御土居は、京都に住む人びとにとっても知る人ぞ知る存在で「名前は聞いたことあるけど…」といった印象だったのですが、2015年放送のNHK「ブラタモリ」で紹介されて以降、御土居を楽しげに歩くタモリさんの姿を通して関心が高まっています。新聞・雑誌さらにブログなどでも、御土居が紹介される機会はずいぶんと増えました。

御土居の築造理由ですが、防犯・防水害・美観維持など、首都だった京都の重要なインフラとして諸説ありますが、実はあまりはっきりしていません。わかっているのは、江戸時代の主要都市の多くに造られていた、まちを囲む城壁「惣構《そうがまえ》」のひとつだったということです。

ヨーロッパや中国に比べて、まちを囲む城壁は日本にはなじみの薄い印象があるかもしれませんが、近代以降につぎつぎと破壊されるまで、日本の多くのまちは惣構で囲まれた「城郭都市」だったのです。代表的な例としては、江戸（全長約11㎞）、豊臣期大坂（全長約8㎞）、小田原（全長約9㎞）、金沢（全長約7㎞）、堺（全長約6㎞）などがあります。

そのなかでも全長約23㎞の京都の御土居は、規模の面では他都市を圧倒するスケールでした。

ではこの日本最大規模の惣構だった御土居を、もっとも遺構が残っていてまちなみのなかでとくに印象的な姿を現している、京都市北部の「鷹ヶ峰台地」エリアを中心に見ていきましょう。

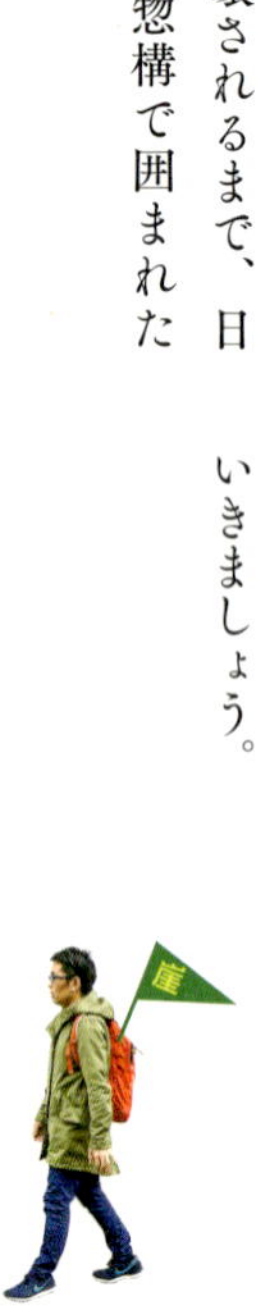

1

大宮土居町

“はんなり”ではない御土居の姿

京都の外周を走る北山通の交差点「紫野泉堂町」から北へ約300m、スーパーマーケットやドラッグストアが並ぶ典型的な郊外のまち「大宮土居町」に、唐突に巨大な風景が現れます。そびえるほどの高さの「土塁」と、その脇に深い谷地形のような「堀」をしたがえた、これこそが御土居の遺構です。初めてその場所に立つ人はまず、そのスケールの大きさに圧倒されるでしょう。

江戸時代末（1864年・元治元年）に描かれた、京都の鳥瞰図「京都一覧図画」を見ると、比叡山や東山連峰に囲まれた近世京都で、市街地を一周するようにめぐらされた「グリーンベルト」が目につきます。御所

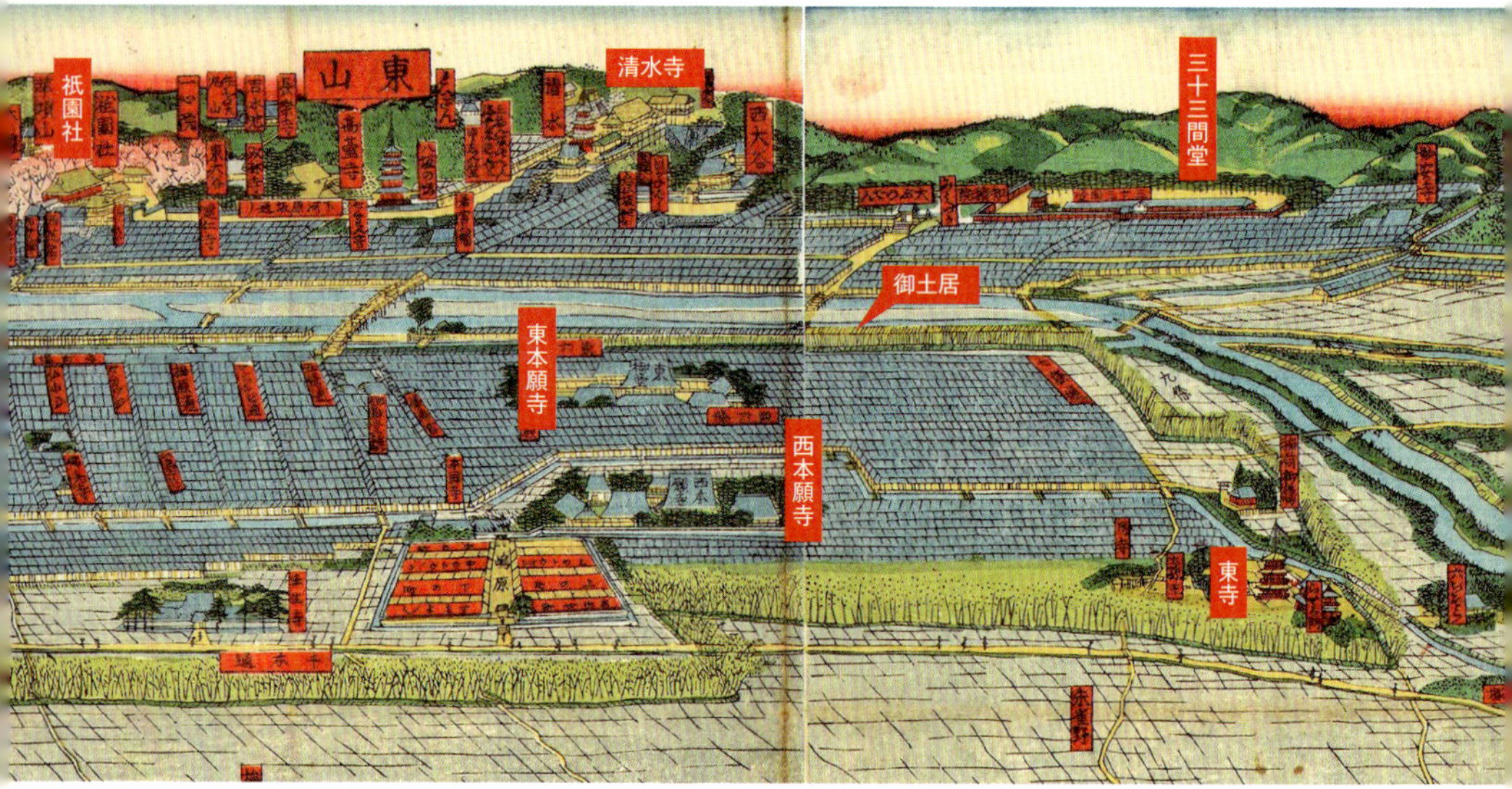

や二条城そして東西本願寺よりも目立つこのグリーンベルトこそ、御土居の姿です。御土居は高さ約5mの土塁と幅約20mの堀で構成されており、くわえて当時は土塁上に高さ10m以上の竹やぶまで植林されていたので、今よりもさらに堂々たる威容だったことでしょう。

　ちなみに、御土居を初めて目の当たりにしたNHK「ブラタモリ」の番組ディレクターは、「全然〝はんなり〟じゃない……」と感想を漏らしていました。もしかしたら、その感想は本質をついたものだったかもしれません。圧倒的な威容を誇る御土居は、落ち着いた華やかさを意味する京言葉「はんなり」では決して言い得ない、「京都らしさ」とは全く異なる存在感を放っているのです。

2 御土居の上から

崖を越えて谷をまたぐ

御土居の土塁に登ると、土塁頂部がいかにも人工の城壁らしく平坦地が連続するⒶ一方で、**頂部平坦地はうねるように激しくアップダウン**しています。御土居が完全な人工地形ならば、遺構上に生まれたこの凹凸地形とはいったい何でしょうか。

　ここで周辺の市街地化が進む前の様子を描いた「都市計画図」（1922年・大正11年）を見ると、御土居と交わる南北方向の直線的な急崖が連続しています。実はこの急崖、「西賀茂断層」の断層崖なのでした。西賀茂断層をはさんで東側は沈降、西側は隆起が続いた結果、それぞれ京都盆地と「鷹ヶ峰台地」という特徴的な地形を生むことにもなりました。御土居はこの西賀茂断層

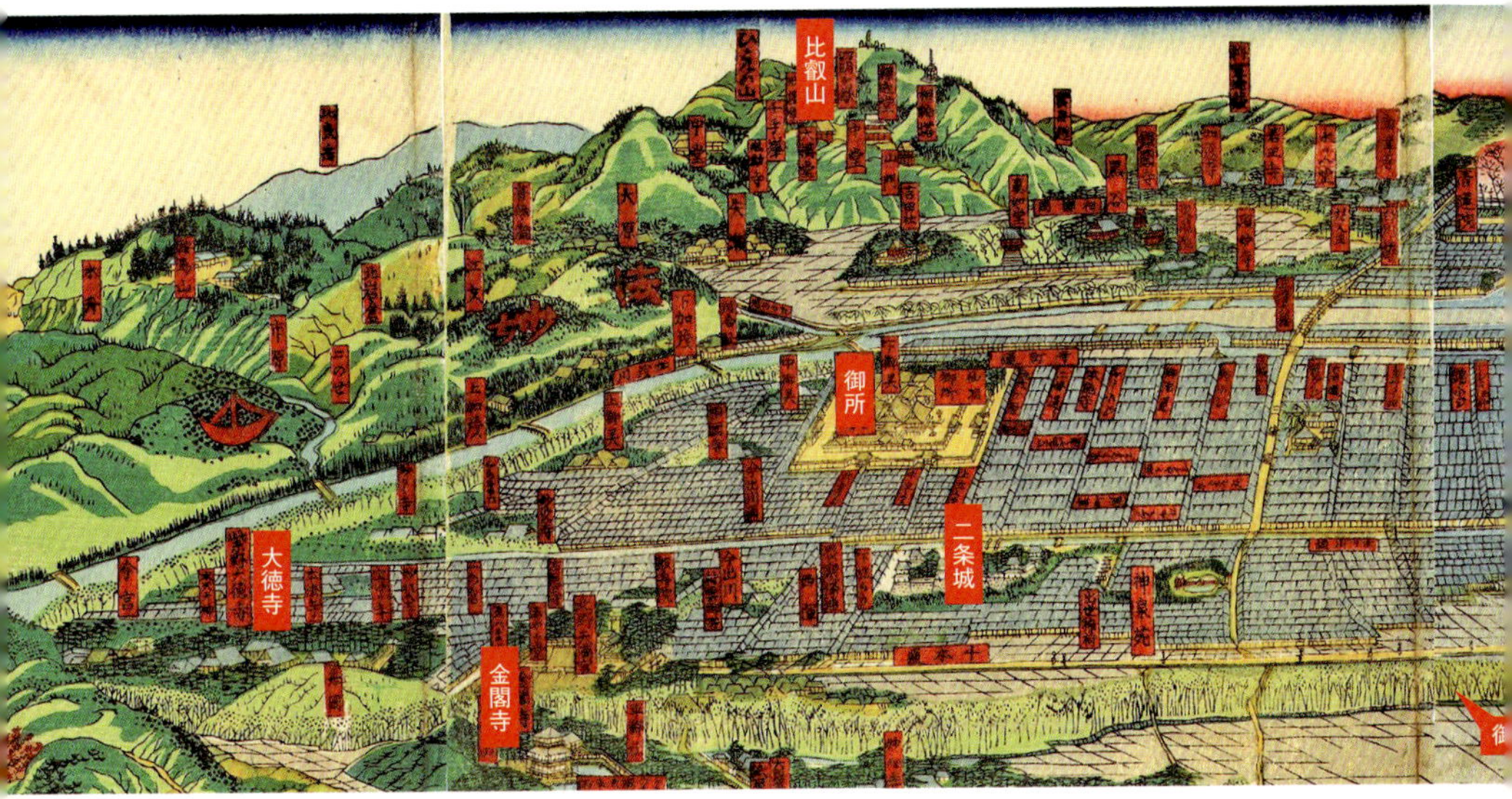

「京都一覧図画」(1864年・元治元年　立命館大学 ARC 蔵　部分）ラベルは著者

を越えているため、土塁上に断層崖に由来する急斜面が生じていたのですね。またさらに「都市計画図」を見ると、西賀茂断層より西側の鷹ヶ峰台地上には「浸食谷」が複数並んでいる様子も見て取れます。御土居はこの台地上の浸食谷もまたいでいるために、遺構上にさらなる凸凹地形を生じさせていたのでした。崖を越えて谷をまたいだ結果、うねるように凸

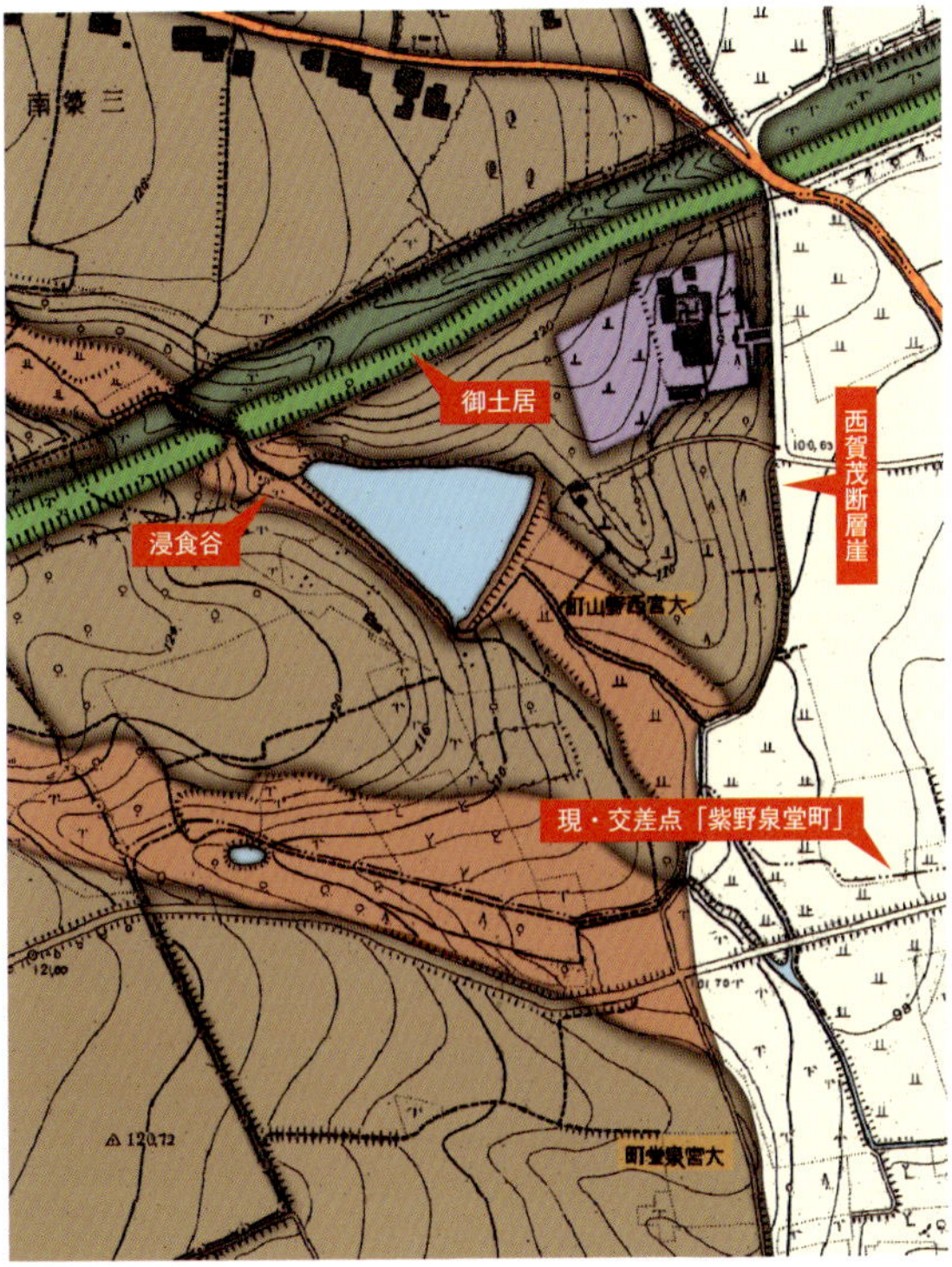

「都市計画図」(1922年・大正11年　京都府立総合資料館蔵　部分）
ラベル・彩色は著者

御土居の上の急崖（西賀茂断層）Ⓐ

凹地形が生まれた風景は、まさに御土居と自然地形のコラボレーションといえるでしょう。

ちなみに、御土居は完成までにどれだけの期間が費やされたか想像できますか。ショベルカーなどの重機も全くない時代の話です。なんとたったの4ヶ月で完成しています。

御土居築造とは「超短期」の事業だったのです。そしてここにこそ、全国の政治統合を果たした豊臣政権のスケールを感じます。実は土塁や堀といった御土居の構造自体、中世城郭などの技術と質的に違いはありません。むしろ中世までの構築物と御土居が決定的に異なる点は、まさにこの超短期事業という「量的」なものといえるかもしれません。そしてそこに、日本列島規模で各種資源を集約できた豊臣政権＝全国政権の特色が感じられませんか。御土居とはまさに、天下統一の産物でした。今もこの

御土居の土塁頂部に連なる平坦面。Ⓐを先に進んだ地点

地点の御土居に登ると、京都市内を一望できますⒷ。まるで豊臣政権の構想した京都の姿が浮かび上がるようですね。

ご注意

P74 ② で紹介した「史跡　御土居（通称・大宮御土居）」に入るには事前の申し込みが必要です。

お問い合わせ先

京都市文化市民局文化芸術都市推進室
文化財保護課

京都市中京区河原町通御池下ル下丸屋町 394
Ｙ・Ｊ・Ｋビル２階
TEL 075-366-1498 ／ FAX 075-213-3366

御土居の上から比叡山・東山連峰を眺める B

3 鷹峯旧土居町の住宅地

残る遺構と残らない遺構の違い

現在、御土居は多くの範囲が市街地化しています。一般的にまちなかの御土居は「残っていない」とややもすれば見向きもされませんが、むしろ残っていないとされる御土居の痕跡から「土地の記憶」を感じることもできるはずです。

史跡指定地ではない、自由に歩けるエリアとして、「鷹峯旧土居町」の住宅地を歩いてみましょう。この付近ではかつて、鷹ヶ峰台地を東西方向に横切る形で御土居が存在していました。現在は静かな新興住宅地が広がるエリアですが、鷹峯旧土居町の北東側の範囲を歩くと、道路の両側で風景が異なる様子を見て取れます。つまり**道路をはさんで片側（北**

御土居の跡地に建つ住宅。道路の片側（北側）のみ段差が連なる

側）は住宅地が段差の上に建っており、向かい側の住宅地は全て平地の上に建っている風景です。これはつまり、道路片側の住宅地だけが御土居の跡地に建っているからです。段差自体、御土居の土塁下半部が破壊を免れた結果なのです。

御土居跡の住宅地段差

しかし一方で、同じ鷹峯旧土居町でも西側では、御土居の跡地上の住宅地でも段差は生じていません。鷹峯旧土居町に同じく含まれる御土居の跡地でも、遺構が段差として残る範囲と残らない範囲が隣り合っている様子はふしぎな印象ですね。これは実は、鷹ヶ峰台地の旧地形に由来するものでした。つまり御土居の遺構が段差として残った範囲は、もともと浸食谷を構成する斜面に立地する住宅地だったのです。この住宅地の造成時、各住宅地を段々畑状にひな壇造成する必要があったため、その際に住宅基盤として御土居の土塁下半部が活用されました。結果、浸食谷斜面に含まれる住宅地のみ、今も御土居の遺構が残存することになりました。反対に、台地上の平坦面に造成された住宅地はもともと基盤が安定していたために、御土居は根こそぎ破壊されてしまったというわけです。御土居の遺構はたまたま残ったのではなく、住宅地造成に伴う御土居の遺構活用だったのですね。なぜ「遺構」というものが、今も私たちの前に姿を留めているのでしょうか。なぜ破壊される遺構と残る遺構があるのでしょうか。鷹峯旧土居町の御土居跡地は、その答えを示してくれているように思えます。同時に、地上に姿を留めているかどうかに関わらず、まちの生活史と一体となった御土居のあり方にも興味がひかれるところです。

4 長坂口
京都北部の出入口

豊臣政権による築造から江戸時代を通じて維持管理された御土居は、京都を囲む城壁「惣構」として各所に出入口が設けられていました。そのひとつが鷹ヶ峰台地上の「長坂口」です。京都市街地と北部山間部そして日本海側を結ぶ「鷹ヶ峰街道」が御土居と交差する地点に設置された長坂口は、江戸時代中期（１７０２年・元禄15年　P84参照）の「京都惣曲輪御土居絵図」に様子が描かれていました。

絵図を見ると、土塁と堀を切り通すようにして鷹ヶ峰街道が延びており、江戸などの他都市の惣構に必ずあった城門はまったく置かれていません。出入口に城門がない御土居からは、防衛的な機能とはまた異なる役割を連想させられますね。また絵図には、江戸時代の官報設置場所だった「高札場」、さらに整髪の他に警察交番機能も果たしていた「髪結床」が置かれていた様子も詳しく描かれています。これが御土居のあった京都の出入口の風景なのでした。今は高札場と髪結床があった地点の道路

長坂口の御土居遺構（奥：土塁　手前：堀）

反対側に、御土居にちなんだ「御土居餅」をあつかう和菓子屋「都本舗光悦堂」が位置しています。御土居名物の銘菓をぜひどうぞ。

長坂口の西側、御土居が東西方向から南北方向に大きく向きを変える屈曲点が今も残っています。「都市計画図」（1922年・大正11年　P84参照）に記載の地滑り痕もはっきりと観察できる地点で、すぐ隣の紙屋川が形成した急崖も印象的ではありませんか。この屈曲点から南側の範囲で、南北方向に延びる御土居は紙屋川の河岸段丘崖が外壁として活用された結果、他エリアに比べて御土居の外側との高低差が一層大きくなっているのです。これもまた、御土居と自然地形の豊かなコラボレーションでしょうか。

御土居の北西隅の屈曲部

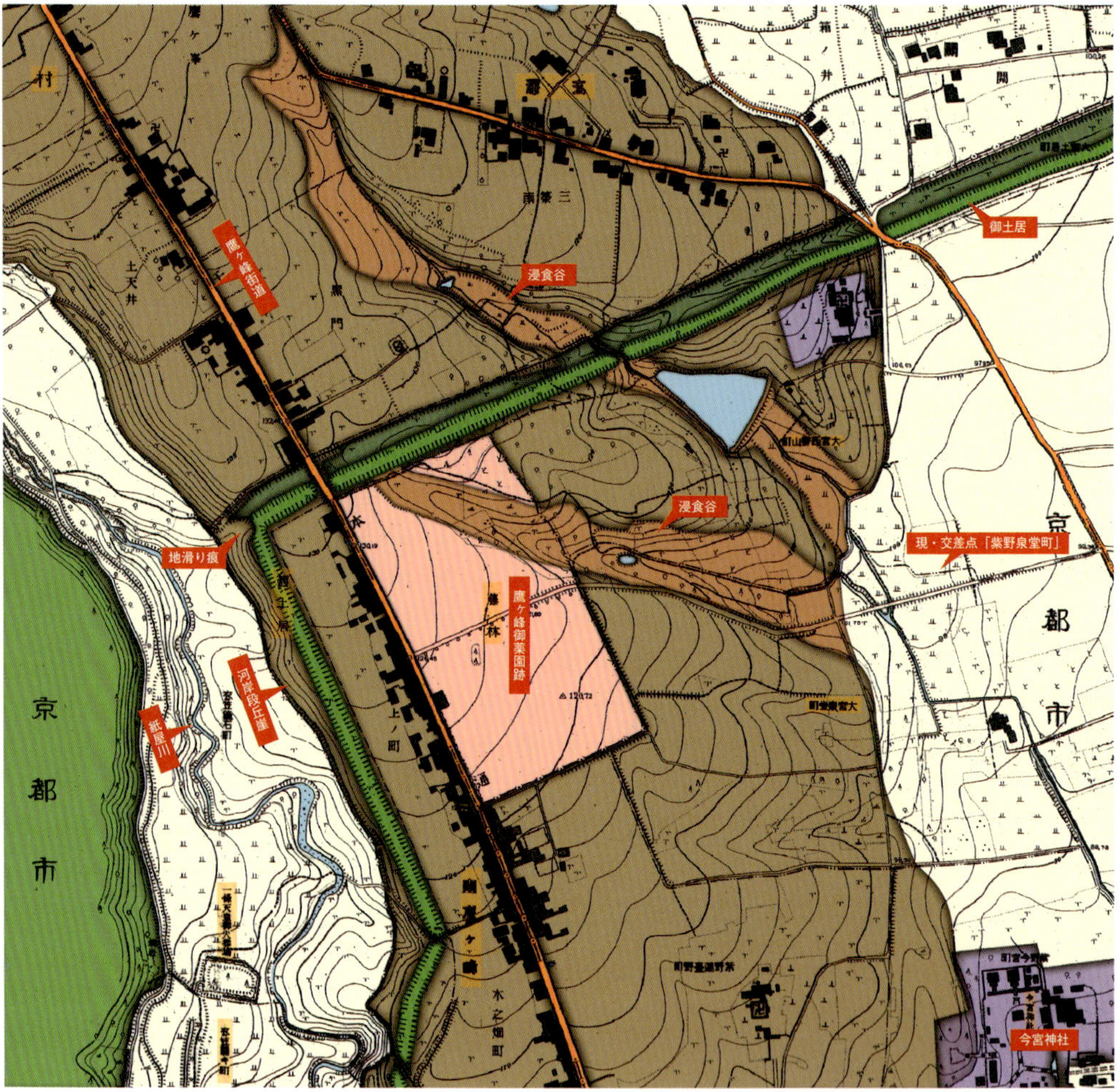

「都市計画図」（1922年・大正11年
京都府立総合資料館蔵　部分）
ラベル・彩色は著者

茶：台地（鷹ヶ峰台地）／緑：御土居・山
薄茶：浸食谷／紫：寺社

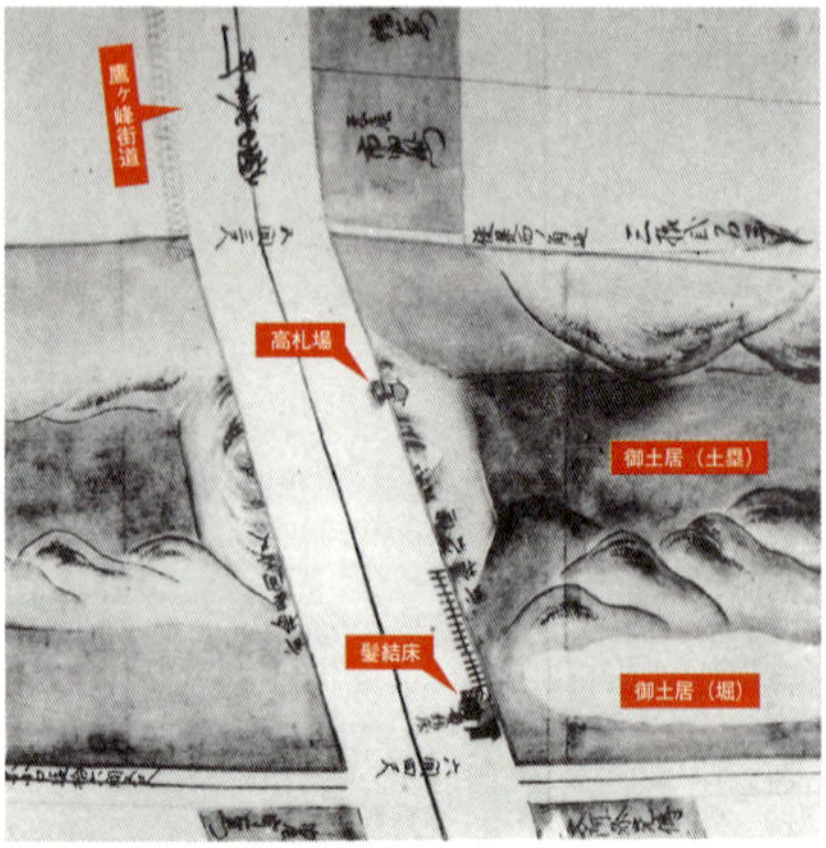

「京都惣曲輪御土居絵図」
（1702年・元禄15年　国立国会図書館蔵　部分）ラベルは著者

5 鷹ヶ峰御薬園跡
対照的なまちなみを読み解く

長坂口から御土居の内側を南下してすぐ、鷹ヶ峰街道に沿って東側に「鷹ヶ峰御薬園」跡の石碑が建立されています。ここは江戸幕府によって設置された、面積約1万㎡の大きな薬草園があった場所です。幕府医師だった藤林家によって管理されていた鷹ヶ峰御薬園は、江戸時代後期（1831年・天保2年）の「改正　京町絵図細見大成」にも「御茶園ノ内」「藤林道寿」「道寿預リ畑」と記載されています。広大な薬草園が、御土居内側の鷹ヶ峰台地上に設置されていたわけです。市街地真ん中ではない、郊外ならではの社会資源だったのでしょう。

　ところでこの付近のまちなみを見て、ある特徴に気づきませんか。旧街道らしく、鷹ヶ峰街道に沿って古町家が今もたくさん残っていますが、古町家の分布は道路の片側（西側）のみなのです。さらに道路西側は、古町家以外の現代住宅も間口が狭くて奥行きが長い「うなぎの寝床」状の平面となっています。反対側の道路（東側）が、公園や銀行支店といった広い敷地の現代的な施設のみで占められる様子とは全く異なっていますね。**道路をはさんで対照的なまちなみは、何を意味しているのでしょうか。**

「鷹ヶ峯御薬園」跡地

鷹ヶ峰街道の古町家

鷹ヶ峰御土居の前にある
「都本舗　光悦堂」
（詳細P87）

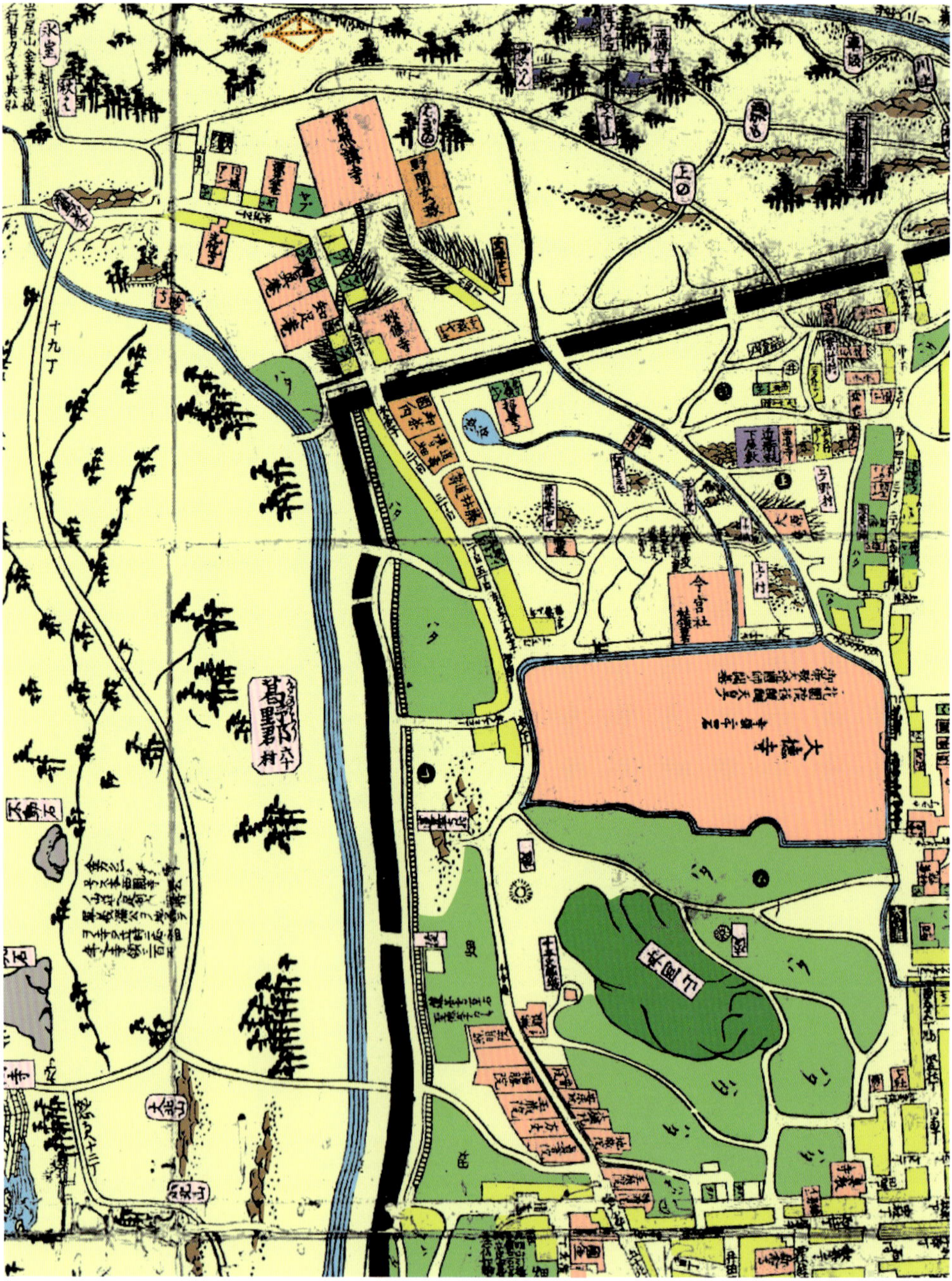

「改正 京町絵図細見大成」（1831年・天保２年 立正大学図書館田中啓爾文庫蔵 部分）ラベル・彩色は著者
ピンク：寺社／緑：畑・ヤブ・山／黄：市街地・町家／紫：公家地／オレンジ：拝領地

そこで改めて「改正　京町絵図細見大成」を見ると、道路東側は鷹ヶ峰御薬園があるために町家は建てられず、道路西側のみの「片側町」となっていました。さらに「都市計画図」（1922年・大正11年　P84参照）の時点でも同様に、道路西側のみ市街地化していて旧御薬園側は空き地となっています。どうやら、道路をはさんで対照的なまちなみは、御薬園があったために江戸時代に市街地規制が生じて、それが現代に至るまで影響を及ぼした結果といえそうです。その証拠に今も周辺を歩くと、旧御薬園の敷地を過ぎた地点から一転して、道路両側に古町家やうなぎの寝床状の敷地が姿を現しています。江戸時代のまちの骨格が現代まで保たれた、これぞまさしく「土地の記憶」でしょう。私たちの日常風景が、歴史的・社会的に成り立っていることがよくわかるまちなみです。

MINI COLUMN

「御土居餅」の楽しみ

琳派の祖、本阿弥光悦にちなんだ和菓子屋が、かつての御土居の出入口・長坂口の地点にあります。営業時間内に訪問のうえ記帳すれば、鷹ヶ峯御土居の鍵を借りることが可能です。御土居を見物した後は、御土居の形にちなんだ大福「御土居餅」を、ぜひ楽しんでみて下さい。

都本舗　光悦堂
京都市北区鷹ヶ峯旧土居町1-203
☎ 075-492-0798
営業時間 9：00～19：00　定休日木曜

「京都人」とは誰のこと？
御土居が発信する
京都の生活史。

御土居（後編）

Odoi

西野山撓曲
しょうざん
金蓮寺
鷹ケ峰児童公園
鷹ケ峰街道（千本通）
誠心寺
紙屋川
3
洛北ならではの生活史
2
A
御土居史跡公園
御土居史跡公園：
段丘崖の御土居
1
西野山撓曲：
地形の巨大エネルギー
衣笠常修寺
府立盲学校幼小中等部
佛教大
B
トマソン集中地帯
鏡石通
4
千本通
楽只児童公園
水平社宣言：
人の世に熱あれ
御土居の土塁の範囲
御土居の堀の範囲
凸凹ポイント
0
100
200m
北大路通
府立盲学校高等部

御土居内側の鷹ヶ峰街道をさらに南下すると、そこには御土居と自然地形によって形作られた人びとの生活史が厚く重なっていました。京都のまちを囲んだ御土居は、境界線としての役割も長い期間を通じて果たしてきたのです。そこにはどんな御土居の姿、特徴的な地形、人びとの生活があったのでしょうか。

1 西野山撓曲
変化を生んだ地形の巨大エネルギー

鷹ヶ峰御薬園跡のあたりで鷹ヶ峰街道を南方向に望むと、やや急な斜面が続いています。街道を東西方向に横切るこの斜面は、**「西野山撓曲」という西賀茂断層から枝分かれした地形で、断層運動によって軟らかい地盤がたわんで変形したもので**す。この西野山撓曲は、周辺の地形にもさまざまな影響を及ぼしています。たとえば紙屋川を見ると、西野山撓曲から北側が直線的な流路である一方、南側は蛇行する形になっています。これはおそらく西野山撓曲が生じた際に、紙屋川の流れにもエネルギーが加わった結果だと考えられます。複数の地形が関連しあって、今の風景を成り立たせているのです。

2 御土居史跡公園
段丘崖の御土居

長坂口から南へ約470m、紙屋川近くに「御土居史跡公園」（東側）があります。公園へ御土居（東側）から入ると、高さ約2mほどの背の低い土塁が連なっています。一方、**公園を紙屋川側へ抜けると一転して、御土居の外壁は高さ約10mのそび**

西野山撓曲の緩斜面

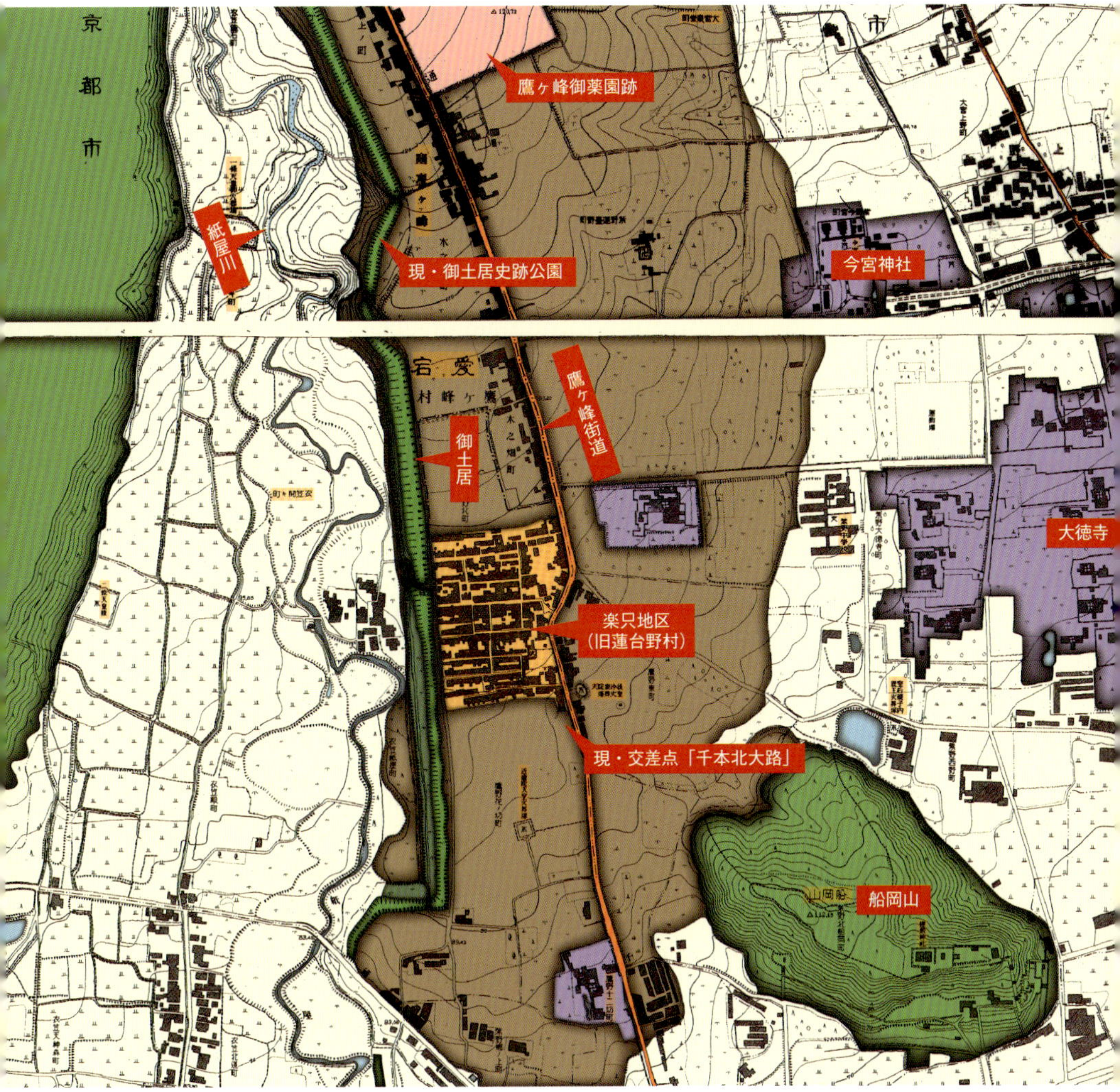

「都市計画図」(1922年・大正11年　京都府立総合資料館蔵　部分)ラベル・彩色は著者

えるような威容に変わります。これは紙屋川沿いの御土居が河岸段丘を活用した結果で、外壁部分は段丘崖の高さをそのまま利用する一方で、内側部分は効率重視で最低限の土木量ですませたからでしょう。またこれまで南北方向に直線的だった御土居は、ちょうどこの公園あたりで紙屋川側に張り出すような形となっています。これは西野山撓曲が鷹ヶ峰台地の西縁を川側に張り出す形状に変化させたため、段丘崖を縁取るように延びている御土居も同じく張り出した結果でしょうか。

史跡公園には小さな休憩所がありますが、江戸時代には同じ位置に「番小屋」が建っていました。番小屋とは御土居に限らず、江戸時代の日本各地にあった施設で、市街地や田畑の見張りが目的でした。御土居の近くの番小屋で、長坂口など正規の出入口以外からの侵入を見張った

土塁内側（御土居史跡公園）
※公園なので立ち入り自由

土塁頂部の平坦面（御土居史跡公園）

御土居外壁（紙屋川河岸段丘）Ⓐ

のでしょうか。ちなみに番小屋に詰めていた者は、江戸時代に各地で「番太郎」とも呼ばれた「非人」身分の被差別民だったと考えられます。江戸時代の被差別民は下級警察職も兼ねていたため、御土居周辺には数多くの「番太郎」の姿があったことでしょう。

3 旧京都朝鮮第三初級学校
洛北の生活史から

御土居史跡公園を出てすぐ前に、校舎と校庭が付いた小学校のような敷地が広がっています。ここは2012年に廃校となった旧京都朝鮮第三初級学校の跡地です。周辺には在日コリアンの人びとが、今も数多く住んでいます。

近代以降、日本の主要産業は朝鮮

旧京都朝鮮第三初級学校

半島にルーツをもつ在日コリアンの人びとが末端作業を担っていました。厳しい差別や慣れない環境にさらされた人びとは、今でいう三K業種に従事するほかない生活を強いられたからです。京都の場合、在日コリアンの人びとは西陣織といった繊維産業の末端作業や、鉱山・鉄道建設などの土木作業員といった低賃金かつ低待遇の業種に就いていました。とりわけ洛北と呼ばれる京都市北部は、繊維産業の本場である西陣地域や山間部鉱山に近い関係で、戦前期まで在日コリアンの人びとが特に集まっていた地域でした。人びとの多くは差別などによって市街地中心部に自宅を構えることは難しく、結果として周縁部の御土居周辺に集まって住むようになったのです。

　このように、御土居のすぐ隣に旧朝鮮初級学校がある風景には、歴史的な根拠がありました。御土居はまさに京都の「内」「外」を分ける境界線として、単なる文化財を越えて永く存在しています。

4 水平社宣言
人の世に熱あれ

　千本北大路交差点のすぐ北側に、団地のような建物がならぶ一角があります。ここは現在、「楽只《らくし》地区」と呼ばれる地域で、御土居がちょうどすぐ脇に接する位置関係です。楽只地区は江戸時代には「蓮台野村」と呼ばれ、「エタ」身分の被差別民が集まって住んだ地域となっていました。

　蓮台野村の人びとは、江戸時代前期まで京都の市街地に近い地域に住んでいたのですが、江戸時代中期に江戸幕府によって現在の位置に移転させられました。この蓮台野村と同様に、エタ身分の人たちが集まって住んでいた被差別部落は、豊臣政権から江戸幕府によって次々と市街地内部からの移転を強いられて、京都の周縁部である御土居周辺に新たな村を成り立たせていった経緯があります。御土居は境界線として、その内側の市街地に住める人とそうでない人を分けていったのです。

　御土居に接して生活をおくることになった蓮台野村の人びとは、江戸時代には公的な役割として「小法師《こぼし》」と呼ばれた御所の清掃業務、さらには牢獄の番役などを務めていました。御所清掃については蓮台野村にとって名誉な役割だったらしく、正月などの季節ごとに村人が麻の裃を着てほうきや提灯を天皇に献上しています。また生活の糧を得る生業としては、革細工や太鼓張りなどの皮革業が盛んでした。特に江戸時代後期以降、庶民の間で広く普及した雪駄は、製造補修に牛皮を使用するために蓮台野村を含めた被差別民にとって大きな収入源だったらしく、人びとの生活レベルの向上に寄与していきました。市街地から御土居周辺に強制移転があったとはいえ、蓮台野村をはじめとした被差別民の暮らしは、近代以降に流布されていく「不衛生」「貧困」といったイメージとはまた異なる姿であったようです。

住宅地に残る御土居跡の階段 B

一方で蓮台野村の人びとが近世近代を通じて、厳しい差別にさらされたことも確かでした。職業・住居・結婚などさまざまな場面で、社会的排除が繰り返されていたのです。御土居の跡地から西へ約１００mの地点に、ある言葉が刻まれた石碑が建っています。

「人の世に熱あれ、人間に光あれ」

有名な「水平社宣言」（１９２２年・大正11年）の一節です。困難を強いられてきた人びとが自らの声で発した言葉は、今でも多くの人たちの心を揺さぶるものでしょう。この宣言を採択した全国水平社の初代委員長南梅吉が楽只地区に住居を構えていたことから、御土居近くのこの地点に記念碑が建てられました。御土居とは、京都の「内」と「外」を分ける社会的排除の象徴でもありました。**凸凹地形、すなわち高低差とは、単なる地形を越えて、社会の高低差も意味する**のかもしれません。そして排除に対して精一杯の力で対抗した証が、御土居のすぐ近くにある水平社宣言として今も存在しています。

御土居を歩くとは、このように京都の周縁部だからこそ見つかる言葉や歴史を感じる旅でもあるはずです。そしてそれは、「京都人」とはいったい誰のことだろうか、誰か見過ごされてはいないだろうかと問い続ける作業でもあるのでしょう。御土居は今でも、多くの問いを私たちに発信し続けています。

「水平社宣言」石碑

MINI COLUMN

「役」と「生業」から

江戸時代、社会は身分によって構成されていました。主に身分は社会的分業によって分けられて、武士・町人・僧侶・農民など、さまざまな地位・階層が生まれました。そして各種身分のなかで、「賤視」を受けてさまざまな社会的排除の対象だった人たちが被差別民と呼ばれる人たちです。

「エタ」「非人」などの身分によって構成された近世の被差別民は、他の身分と同様に公的な役割である「役」と生活の糧である「生業」によって日々を過ごしていました。被差別民の「役」とは多くの場合、動物遺体処理・清掃・刑吏・下級警察などのケガレをはらうキヨメに関係するもので、他の身分からは忌避された作業でしたが社会が成り立つうえでどれも必須の仕事でした。一方、被差別民の「生業」は皮革業・履物業・葬儀業さらには大道芸など、非常に広範囲にわたるものでした。私たちが歌舞伎で思い浮かべる近世の風景のなかにも、きっと被差別民の姿が含まれているはずです。「役」と「生業」によってそれぞれの日々を過ごした姿が近世被差別民の実際でした。

「雪踏直し長五郎」早稲田大学演劇博物館蔵

「土木マニア」秀吉が残した、
日本史上まれに見る
巨大工事の痕跡。

巨椋池

Oguraike

松林院
伏見公園
泰長老公園
伏見南浜小
京阪本線
観月橋：
すべての道は伏見へ通じる!?
観月橋
1
中書島
京阪宇治線
宇治川
京都外環状線
向島小
A
2
かつての向島城をさがして
大和街道：
「太閤堤」のうねり道
3
向島南小
B
宇治川公園
近鉄京都線
C
二の丸北小
向島二の丸小
豊臣政権による
堤防の範囲
凸凹ポイント
0 100 200 300m
向島
種智院大

京都盆地の南部、京都市伏見区・宇治市・久御山町にまたがって、「巨椋池《おぐらいけ》」という巨大な湖があったことを知っていますか。今は1941年（昭和16年）完成の干拓事業によって農地や向島ニュータウンなどの住宅地に変貌していますが、干拓前は周囲16㎞、面積8㎢と京都府内最大の湖沼でした。

そしてこの巨椋池には、日本史上まれに見る巨大工事の遺構が今もあちこちに残っています。それは豊臣秀吉を頂点とする全国統一権力「豊臣政権」による大規模な地形改変で、極めて規模の大きな事業でした。河川の流路変更、堤防道路の建設、城郭築城と、巨椋池一帯では豊臣政権が実施した巨大工事が集中したのです。

大和街道（太閤堤）を歩く

伏見を「首都」にするために

秀吉といえばまず、大坂城が思いだされますよね。ただ、彼は大坂城にほんの数年しか滞在せず、ほとんどの期間は京都周辺に活動の拠点を置いていました。とりわけ、秀吉が天下統一してから死去するまでの後半生の大部分を過ごした場所が伏見城です。伏見城と大坂城との関係は、首相官邸や国会議事堂を兼ねた公的な政庁が伏見城、そして豊臣氏としての私邸いわばプライベートハウスが大坂城といえるかもしれません。豊臣政権の公的拠点だった「首都」は、まず伏見だったのです。

秀吉は天下統一を果たしたエネルギーを注ぎこむように、伏見一帯を首都として巨大開発事業のターゲットにしました。なかでも最大規模の事業が、巨椋池周辺の再開発でした。大規模な地形改変を通じて、

「首都伏見」にヒト・モノ・カネ・情報が集中するように、環境を人工的に作り出していったのです。

　では早速、「首都伏見」実現に向けて豊臣政権がエネルギーを注いだ巨大事業を、かつての巨椋池の跡地に探しに行きましょう。干拓後まったく姿を変えてしまったかに見える巨椋池周辺ですが、現地では数々の遺構が発見できるはずです。

1 観月橋
全ての道は伏見に通じる!?

京阪電鉄の観月橋駅《かんげつきょう》から南に延びる長大な橋が「観月橋」です。地図を見ると、ちょうど伏見の市街地と旧巨椋池の結節点に位置していますね。この橋は江戸時代まで「豊後《ぶんご》橋《ばし》」と呼ばれていました。豊後橋とは、有名なキリシタン大名大友宗麟の息子・大友「豊後守」吉統が近くに屋敷を構えていたので付けられた名前です。約200mもの長大な木造橋で、その後の江戸時代を通じて伏見のランドマークとしてさまざまな絵画史料に登場しています。

　そもそも秀吉登場前、ここに橋は架かっていませんでした。豊臣政権が伏見に首都を置く前、現在の観月橋一帯は宇治川の河口デルタ地帯で、幾重もの流路が複雑に入り交じ

観月橋を南方面に渡る

った地形でした。当時は複数の流路と中洲が混在する交通には向かない地形だったのです。しかし伏見に首都を置く以上、交通網の整備は欠かせません。日本列島各地からヒト・モノ・カネ・情報を首都伏見に集約させるために、巨椋池周辺の広大な水域は交通網の一大中心地として開発されました。その重要な拠点がこの観月橋、かつての豊後橋だったのです。

　古代から中世まで、もともと京都から奈良方面に向かう街道「大和街道」は巨椋池の東側を通っていました。広大な巨椋池と伏見を迂回するルートで京都と奈良方面を結ぶ大和街道が整備されていたわけですね。そこで豊臣政権は、この大和街道を強引に伏見を経由するルートに変更しました。つまり巨椋池の湖面上に人工的な堤防を築いて、その上に全く新たな街道を築造したのです。この巨椋池の上を通る新たな大和街道は、京都と奈良を結ぶショートカットであると同時に、否が応でも伏見に交通網を集約させる目的がありました。

観月橋から宇治川を眺める

全ての陸運・水運を経由させたい！

　さらに豊臣政権は首都伏見の交通網整備のために、巨大河川である宇治川の本流ルートも変更しました。現在の宇治川本流は観月橋の下を流れて西側約10㎞の地点の京都府八幡市内で木津川と合流していますが、もともとは今よりも南東約4㎞の宇治市槇島のあたりで巨椋池に直接注ぎ込んでいました。そこで豊臣政権は、もとの宇治川本流を、伏見市街地のすぐ南側を流れるように流路変更したのです。首都伏見を水運センターとしても機能させるため、水運の大動脈だった宇治川本流を伏見の市街地のすぐ近くの南側に移動させたかったのでしょう。ちなみにこの宇治川本流の流路変更にあたっては、巨椋池と旧宇治川本流の間に新たな堤防（槇島堤）を築造して両者の合流を遮断する工事まで実施しています。「とにかく伏見に交通網を集約させたい」という、政権の強い意志を感じますね。

　このような**巨椋池上の新たな大和街道開通と宇治川本流の流路変更の地理的な結節点こそが、豊後橋（現・観月橋）**でした。ここにおいて「全ての道は伏見に通じる」あるいは「全ての陸運・水運は豊後橋（現・観月橋）を経由する」といえるような環境が、首都伏見に実現したのです。その結果、観月橋は現代に至っても交通の要衝として機能することになりました。鉄道・幹線道路が橋周辺には集中して、大きな荷物を積んだトラックが絶えず行き交う姿は、観月橋でおなじみの風景となっています。

観月橋を南側に渡った「観月橋南詰」周辺

2 大和街道「太閤堤」

湖上を渡る道

豊臣政権によって築造された巨椋池上を通る新街道・大和街道は、同時に巨椋池を東西に分割する堤防となっていました。この堤防兼街道は「小倉堤」あるいは秀吉の名前にちなんで「太閤堤」とも呼ばれています。この太閤堤（現・大和街道）はいったいどんな姿だったのでしょうか。

　ここで、巨椋池干拓前の１９０９年（明治42年）の地形図を見てみましょう。この近代地形図へ、巨椋池の湖面上に堤防兼街道の姿がはっきりと描き込まれていました。これこそが太閤堤で、干拓前は両側に湖面が広がるなかを街道が通る幻想的な風景だったのでしょうね。巨椋池に

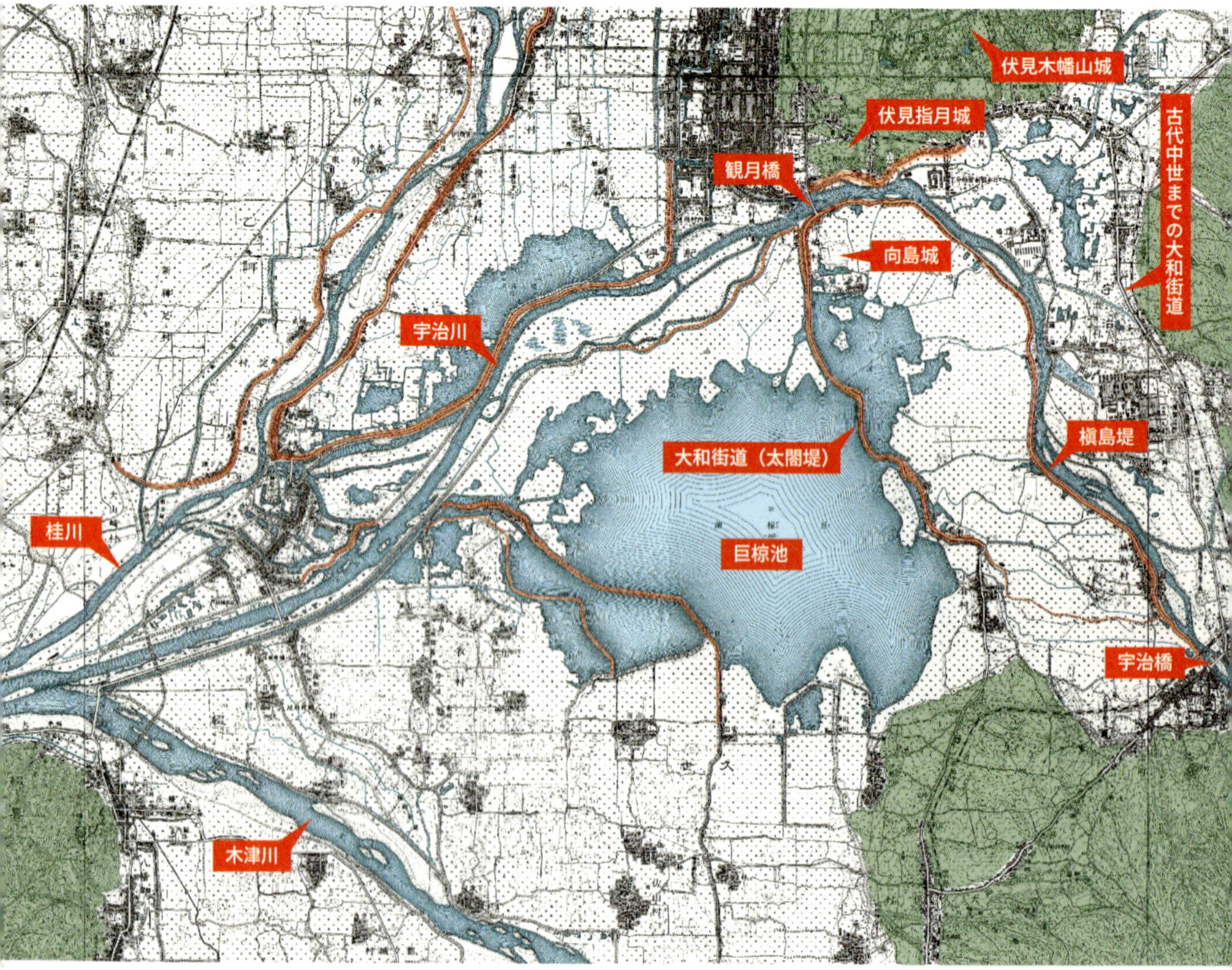

「陸地測量部地形図」（1909年・明治42年　部分）ラベル・彩色は著者

大和街道（太閤堤）に連なる古町家 Ⓐ

浮かぶ島々をつないで通っていたためか、太閤堤はところどころで湾曲しながら伏見と奈良方面を結んでいます。

ところで、今の太閤堤はいったいどんな姿でしょうか。巨椋池干拓によって一帯の湖面が失われた現在、太閤堤も跡形もなく消えてしまったのでしょうか。

空気一変。古町家が連なる集落へ

現在の観月橋から宇治川を南側に渡ってみましょう。目の前は、自動車が日々激しく往来する国道24号線です。そこで国道をそのまま進まずに、視線を右側（西側）に移すと道幅が狭い道路がカーブしながら延びています。一見して周囲とは雰囲気の異なるその道路こそが、太閤堤の現在の姿です。さらにこの太閤堤を進むと、道路の両側に高さ約４ｍの急斜面が連なっている様子もはっきり見て取れます。**この道路両側に連なる急斜面自体が、豊臣政権の巨大事業である太閤堤の遺構**なのでした。また道路両脇には、斜面下の現代的なまちなみとは全く異なって古町家が軒を連ねています。この古町家群は、太閤堤が同時に大和街道として機能したことで堤防上に発達した「堤防集落」です。巨椋池の干拓前までは、伏見と奈良方面を行き交う数多くの旅人を迎えた堤防上の集落だったのかもしれませんね。

3 向島城をさがせ！
権力者が整備したプライベート空間

　ところで豊臣政権は、伏見を首都にするために交通網の整備といった実用的な事業ばかり行っていたわけではありませんでした。同時に政権は、伏見周辺に権力者秀吉のプライベート空間も整備したのです。すなわち「別荘」の建設です。それが豊後橋（現・観月橋）を挟んで、伏見城から見て宇治川対岸に位置した「向島城」です。別荘といっても、

向島城は本丸・二の丸・三の丸が水堀で分割された平面プランで、さらに石垣と天守を備えた本格的な近世城郭でした。対岸の伏見城とは宇治川を挟んで、まるで双子のような規模・位置関係となっていたのです。

　向島城は近畿地方に大きな被害をもたらした慶長伏見地震（1596年・文禄5年）の被災倒壊後、江戸時代前期の1620年（元和6年）の廃城まで荒廃した状態だったためか、現在は「向島本丸町」「向島二ノ丸町」と地名にのみ姿を留めているとされていますが、現地に遺構は残っていないのでしょうか。

　そこでまず、1946年（昭和21年）に米軍が撮影した空中写真を見てみましょう。すでに巨椋池は干拓されています。向島城の推定エリアを見ると、田畑や宅地さらに池の配置が、方形を基本とした規則的な形状を示していることに気づきませんか。細長い水田区画に囲まれた正方形に近い微高地も空中写真から観察できます。どうやら空中写真に映った細長水田区画が向島城のかつての「水堀」に、そして中央の宅地と畑で占められる正方形状の微高地が「本丸」に相当しそうです。

　実際にこの空中写真を片手に現地を歩くと、写真に映った土地区画のとおりに今も宅地が並んでいる様子がわかります。水田や畑こそ姿を消していますが、向島城の本丸に相当する微高地も現状で明らかな凹凸地

向島城推定エリア（「米軍撮影空中写真」1946年・昭和21年　国土地理院）

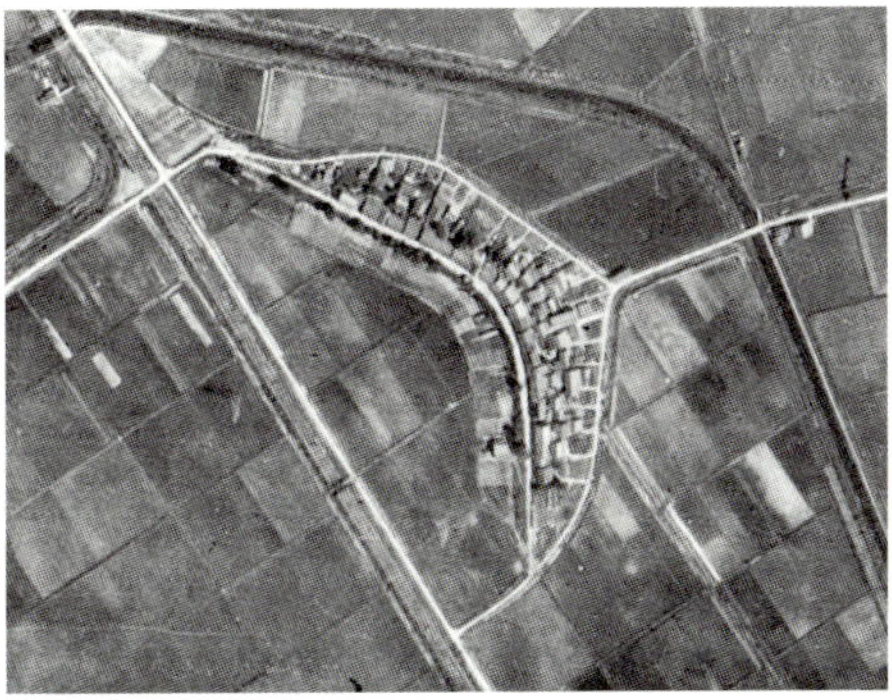

巨椋池・他地点の堤防集落（「米軍撮影空中写真」1946年・昭和21年　国土地理院）宇治市槇島町（西目川）

形が道路上に残っていました。どうやら現在の向島城周辺は、かなりの程度で旧地形を留めている模様です。

道幅が伝える「土地の記憶」

とりわけ興味深い地点が、かつての本丸と二ノ丸の間を分けた水堀に相当する箇所ですB（現「向島本丸町」と「向島二ノ丸町」の町境）。米軍撮影の空中写真では、「池（四ッ谷池）」として映っている地点です。現地で観察すると、**かつて池だった水堀推定地と微高地である本丸推定地の境界部分には、今も高さ1m未満の段差が連なっている**ではありませんか。まさしく、本丸と水堀の境界線に相当する凹凸地形です。

さらに注目点としては、**微高地上の道幅は細く、かつて池のあった範囲の道幅は広くなっている**ことです。これはおそらく、微高地上の道路は米軍撮影当時からの細い道幅である一方、かつての池の範囲はその後の戦後都市計画に見合った広い道幅で道路建設されたためではないでしょ

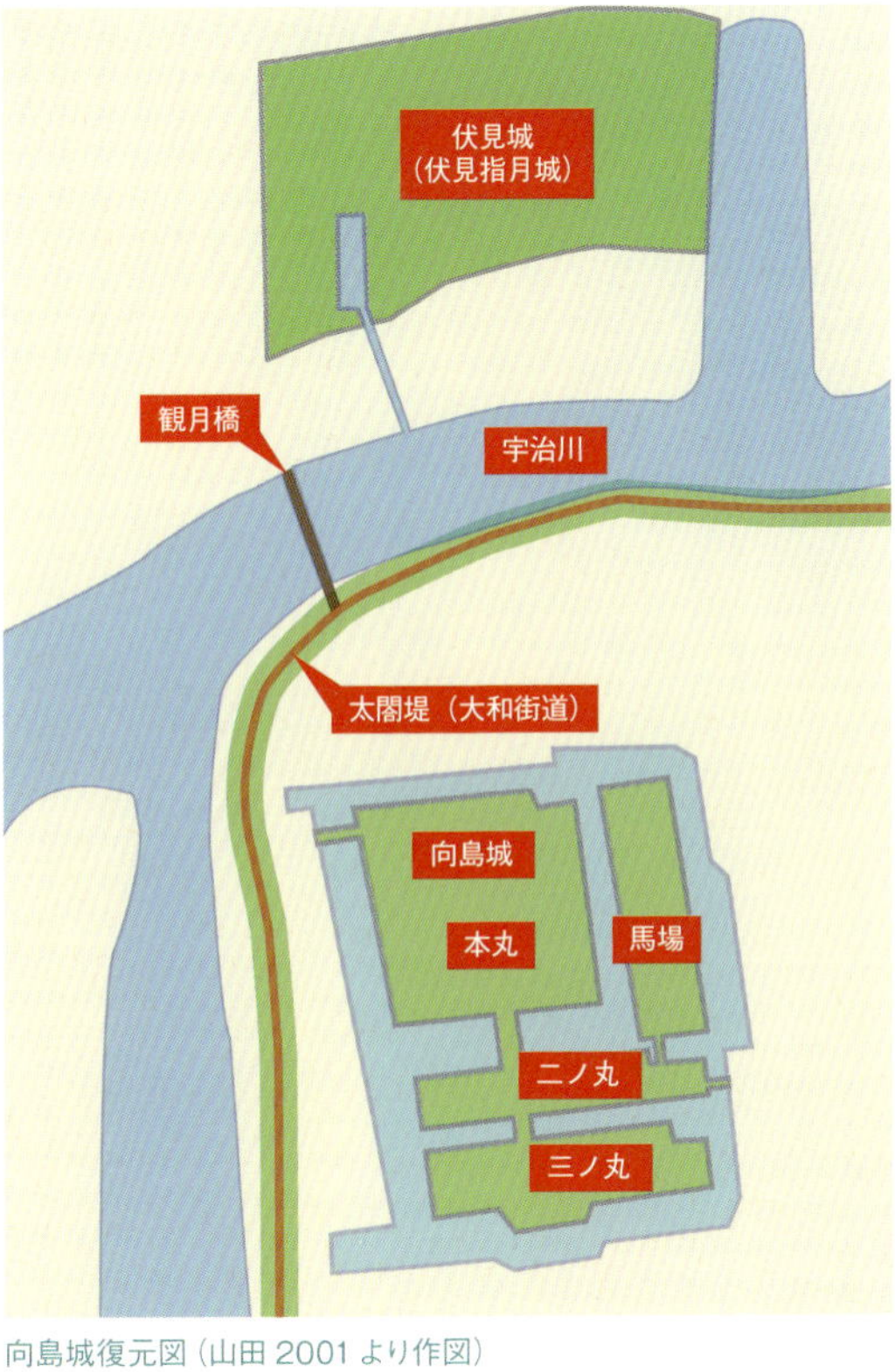

向島城復元図（山田 2001 より作図）

うか。加えて、池跡の広い道幅の範囲を本丸跡の微高地から眺めると、ゆるやかに傾斜する凹地にもなっています。凸凹地形と道幅変化という、二つの特徴的な風景が交わる地点は、向島城の存在を今に示す遺構と思えてなりません。

またさらに本丸推定地の微高地と水堀推定地の池跡凹地から、南側の二ノ丸・三ノ丸の各推定地に向かったところ、**二ノ丸と三ノ丸はそれぞれ微高地、さらに二ノ丸・三ノ丸を分けた水堀に相当する範囲には凹地が今も残っていて、向島城の平面プラン自体を現在の地形から容易に想像できます**Ⓒ。ちなみに三ノ丸推定地の微高地上には、1909年（明治42年）の「陸地測量部地形図」に記載されているミニ集落が今も残っています。そこだけ周囲とは雰囲気の異なった、農村旧家が並ぶ風景は壮観です。このミニ集落は、もし

右：大和街道（太閤堤）の道路カーブⒶ
左上・左下：向島城跡に残る微高地Ⓒ

かしたら向島城の三ノ丸遺構を活用した姿なのかもしれませんね。単なる文化財を越えた、生活風景になじんだ向島城の現状を示してくれているようでうれしい気持ちにもなります。

巨椋池一帯は干拓事業で一変しているため、ややもすれば「残っていない」あるいは「残っているはずがない」という先入観が生まれがちです。しかし近代地形図や米軍撮影空中写真といった古資料を手に現地で観察すると、太閤堤・向島城など、凸凹地形に加えて道幅変化といった特徴的な風景を発見することができるはずです。地形変化に伴う先入観をいったん脇に置いて、現地を丁寧に歩くと思わぬ発見がえられるかもしれませんね。そこには「土地の記憶」がひょっこりと顔をのぞかせているのでしょうか。

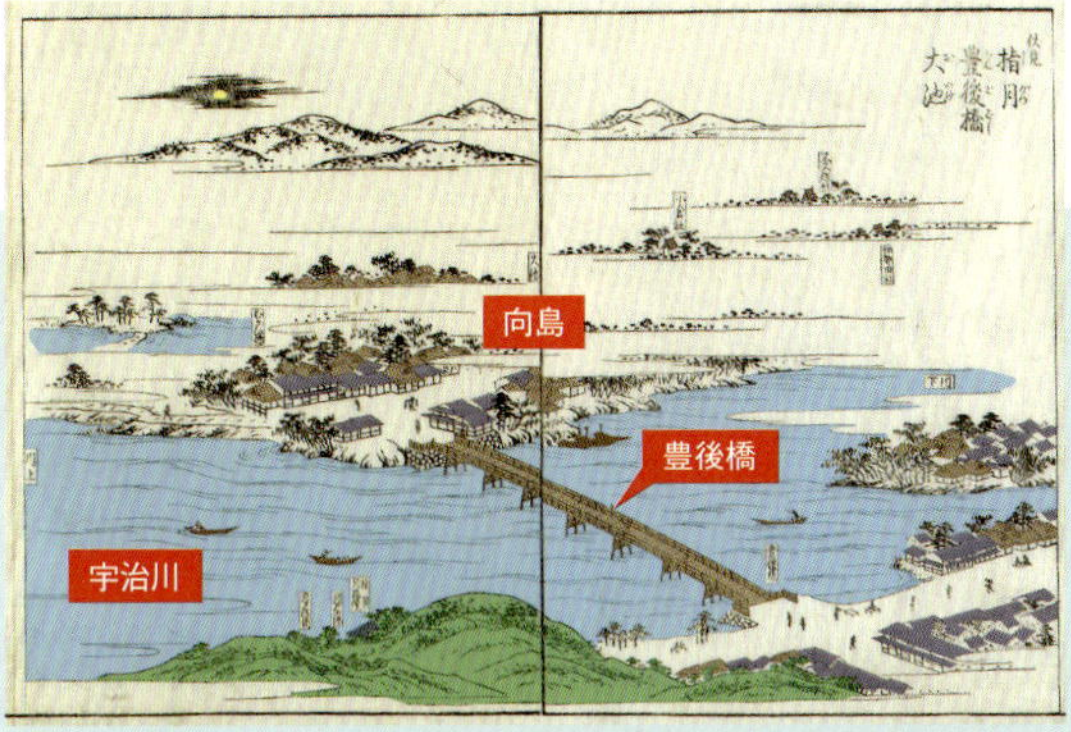

「指月 豊後橋 大池」（『都名所図会』1780年・安永9年　国立国会図書館蔵）ラベル・彩色は著者

MINI COLUMN

豊後橋

江戸時代後期（1780年・安永9年）の『都名所図会』から「指月 豊後橋 大池」を見ると、伏見のランドマークだった豊後橋（現・観月橋）が中央に描かれています。全長約200mの木造橋は、当時ずいぶん目立つ建造物でした。絵のなかで注目点は、橋をはさんで宇治川両岸の建物の屋根の違いでしょう。豊後橋から画面手前の伏見市街地は「瓦屋根」がほとんどで、対岸の巨椋池に浮かぶ向島は「茅葺屋根」が大半を占めています。どうやら『都名所図会』の作者は都市部を瓦屋根に、農村部を茅葺屋根に描き分けていたようです。都市と農村の地理的な違いを絵画的記号で表現していたわけですね。

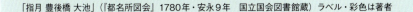

天下人が愛したナイスビュー！
今に伝わる「ゲニウス・ロキ（地霊）」
のブランド力。

伏見指月

Fushimi Shigetsu

丹波橋
近鉄
丹波橋
京阪本線
下板橋通
下板橋通
奈良線
桃山高
大名屋敷跡の凸凹地形!?
毛利橋通
御香宮神社
桃山断層崖の急坂
桃山御陵前
巨大地形として残る秀吉の「御舟入」
大手筋通
桃山
桃山小
立売通：
城の北限の凸凹地形
3
C
観月橋団地：
秀吉が愛した名月
4
2
B
1
伏見指月城：
「まぼろしの城」
D
A
月橋禅院
近鉄京都線
E
泰長老
公園
指月の丘：
知られざるナイスビュー
伏見公園
宇治川河岸段丘
京阪宇治線
京都外環状線
桃陵中
観月橋
宇治川
向島小

「住みたい場所」と聞かれて、どんなイメージを思い浮かべるでしょうか。交通の便がよいところ、買い物が便利なところ、静かで落ち着いたところ等々。私たちは住む場所の選択にいろいろと頭を悩ませます。

一方でかつて住まいの選択にあたって、あるひとつの要素がとても重要視されていました。それは「眺望」です。近代までは眺めがよいところ、遠くの景色が見渡せるところを好んだ人たちが多かったのです。これはそんな眺望を求めた人たちが愛した場所、「指月《しげつ》の丘」のものがたりです。

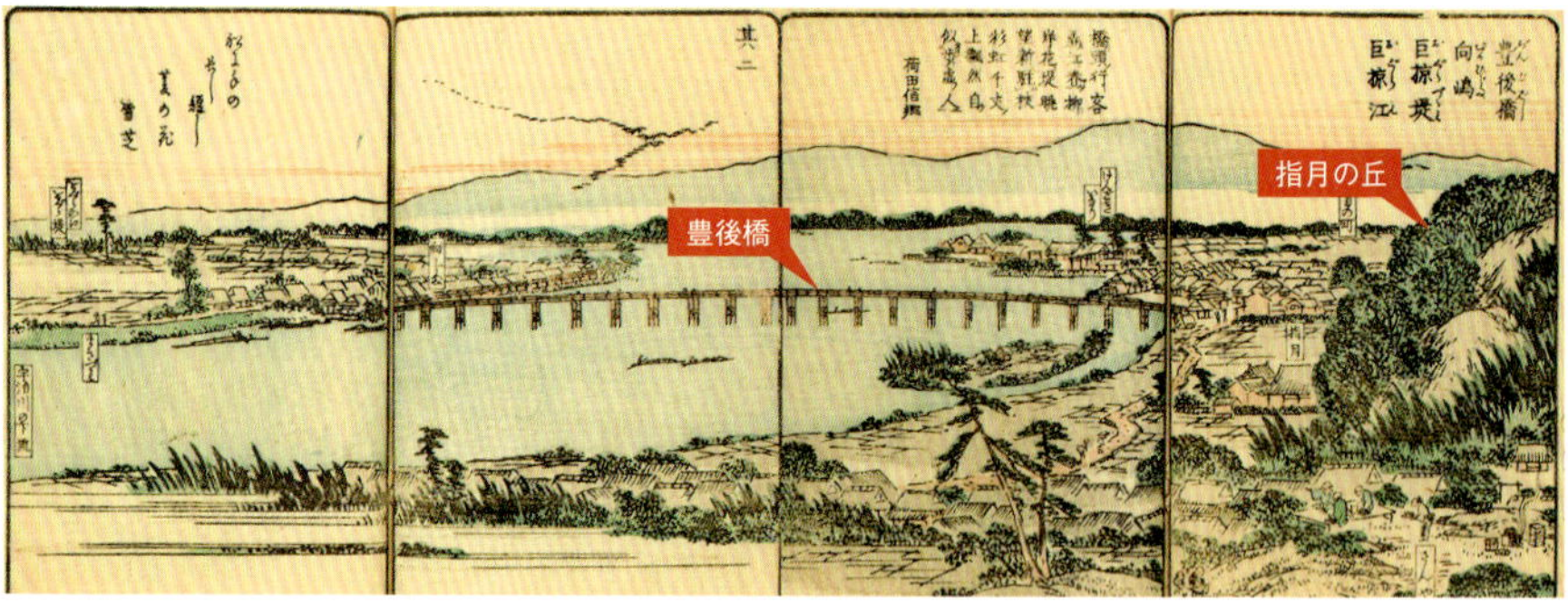

「豊後橋 向嶋 巨椋堤 巨椋江」（『宇治川両岸一覧』1863年・文久3年）ラベルは著者

1 指月の丘

知られざるナイスビュー

京阪宇治線「観月橋駅」を下車して北を眺めると、宇治川に隣接した高台が見えるでしょうか。この高台は宇治川が形成した河岸段丘です。周囲は電車や自動車の往来も多く、現代的なまちなみが広がる一方で、**その高台は木々が茂る崖線が連なった独特の風景**に感じられるはずですⒶ。

特徴的な風景であるこの高台は、「指月の丘」と江戸時代には呼ばれていました。指月の丘は、当時の観光ガイドブックにも数多く描かれた人気の場所だったようです。たとえば宇治川沿岸の風景を描いた『宇治川両岸一覧』（1863年・文久3年）にも、中央に描かれた豊後橋（現・観月橋）の右側にこんもりと

「指月の丘」（宇治川河岸段丘）A

した緑の丘が描かれています。悠々と流れる宇治川の向こうで鳥もねぐらに帰る夕景が描かれた大変美しい絵ですが、重要なモチーフとして指月の丘はしっかりと描かれていますね。そしてこの指月の丘をめぐって、多くの人たちによるさまざまなドラマが折り重なっていったのです。

2 伏見指月城

秀吉が夢見た「まぼろしの城」

指月の丘に住んだ人たちのなかで、もっとも有名な人は豊臣秀吉でしょうか。巨椋池の章でもお伝えした通り、彼が伏見に政権中枢を置くにあたって、最初に拠点として選んだ場所が指月の丘（現「桃山町泰長老」）で、「伏見指月城」とも呼ばれる城が築かれたのです。この伏見指月城は長い間「まぼろしの城」とも呼ばれ、正確な位置も十分にわかっていませんでした。しかし近年、発掘調査などからその実態が少しずつ判明しています。２０１５年の調査では、豊臣政権の中枢らしく金箔瓦も出土しました。現在は城の遺構は完全な地下に眠っていて、発掘調査でもない限り見られないと思うかもしれませんが、現地周辺には遺構らしき特徴的な凸凹地形を今も数多く確認することができます。

出土石垣（2015年調査より）
画像提供：有限会社 京都平安文化財

出土金箔瓦（2015年調査より）

伏見指月城の発掘調査地点Ⓑ 画像提供：有限会社 京都平安文化財

立売通沿いの凸凹地形 C

3 立売通

まぼろしの堀跡が今も

伏見指月城の北限ラインと推定される「立売通」を歩いてみましょう。古町家が点在する静かな道路ですが、よく観察すると**両側が道路に向かってはっきり傾斜している**様子を見ることができます C。これが実は、伏見指月城の「北堀」遺構と考えられる地形です。伏見指月城が廃城後に北堀は道路化したものの、堀としての凹凸地形は現在に至るまで残存しているのです。

観月橋団地に並ぶ建物

4 観月橋団地

更級や松島クラスの名月を……

伏見指月城の推定範囲は現在、「観月橋団地」や公務員官舎の敷地となっています。敷地内にはコンクリートの建物がずらっと並んで、城の遺構らしきものはまったく見つからないと感じるかもしれません。しかしここで、明治時代（1909年・明治42年）の古地図「陸地測量部地形図」を見てみましょう。ここは当時は帝国陸軍の敷地でしたが、地図上の等高線を観察すると、自然地形とは少し印象が異なる「直線的」でところどころ「屈曲」もしている「不自然」な地形がみられます。これを見て城に詳しい人ならば、城の平面プラン「縄張」と感じるかもしれません。つまり、直線的な等高線はすなわち伏見指月城の石垣が連続したライン、等高線の屈曲は「折れ」「横矢」とも呼ばれる城の防衛構造を表しているようにも思えます。さらに等高線からは、敷地内は大きく三段構成で高低差が生じている様子も見て取れます。まるで「本丸」「二の丸」「三の丸」とも呼べるような構成ですね。もしかしたら古地図に描かれた地形は、伏見指月城の遺構を意味するのでしょうか。

加えて今でも、**明治時代の古地図どおりの直線的で屈曲する三段構成の高低差を、敷地内の凸凹地形として観察**できます。団地建物が立地する段差や敷地内の公園滑り台として、古地図で描かれた等高線どおりの凸凹地形を現地観察できるのですD。そして極めつけとして、2015年の発掘調査では、金箔瓦と同時に出土した伏見指月城と推定される石垣列が、まさに古地図の等高線ライン

「陸地測量部地形図」（1909年・明治42年　部分）彩色は著者

観月橋団地周辺の段差

と同位置の現代の段差ライン上で発見されたのでした。まぼろしの城と呼ばれた伏見指月城を、まざまざと体感できそうな現代の凸凹地形です。

ところで秀吉はなぜ、この指月の丘を自らの拠点として選んだのでしょうか。

「さらしなや
をしまの月もよそならん
ただふしみ江の 秋の夕暮れ」
(月の名所である信州更科や松島雄島の月と同じくらい、伏見江の秋の夕暮れはすばらしい)

この歌はかつて伏見指月城の南側に広がっていた「巨椋池」を眺めて詠まれた一首です。宇治川河岸段丘が形成した高台からの眺望を求めて、秀吉は指月の丘に住まいを構えたのかもしれませんね。巨椋池自体は第二次世界大戦前の干拓事業によって

公園すべり台に残る段差 D

指月の丘から旧巨椋池を眺める。泰長老公園より E

今は消失していますが、高台からの眺望を愛した姿が今も伝わるようです E。

「伏見殿」のブランド力

ちなみに秀吉は、自然地形に由来する高低差からの眺望のみで、指月の丘を選んだのでしょうか。たしかに高台からの眺めはすばらしいものではありましたが、秀吉がこの地を選んだ理由がさらにあったように思えます。それは**そもそも指月の丘が抱いていた「土地のブランド力」**です。

実は秀吉の時代よりはるか前から、指月の丘は各時代の有力者が好んで住んだ場所でした。出発点は宇治平等院で有名な藤原頼通を父に持つ橘俊綱が、平安時代後期に造営した別荘「伏見山荘」でした。伏見山荘は眺望と豪勢なつくりで大変な評判だったらしく、当時の貴族の日記などでもほめ讃えられたほどでした。伏見山荘はその後、平家物語などで知られる後白河法皇によって受け継がれて、「伏見殿」として知られることになります。以降も皇族や貴族にとって伏見殿はあこがれの土地だったらしく、たとえば室町時代にも足利義満が金閣で名高い邸宅をこの地に造営しようとしたほどです。指月の丘は古代から中世まで数百年の長きにわたって、強いブランド力を備えていたのです。

そしてこの指月の丘に惹かれるようにして、近世の幕開けを告げた豊臣秀吉が自らの邸宅を置いたとしたら、ひとつの場所を中心とした一編のものがたりが見えてきませんか。ただ凸凹地形の眺望があっただけではない、その土地を愛した人びとの連なりのなかに指月の丘は光を放っていたのでした。まさしく受け継がれた「土地の記憶」のものがたりです。

UR 都市機構ウェブサイトより観月橋団地内部

ゲニウス・ロキ、よみがえる土地の記憶

数々の有力者が愛してやまなかった指月の丘。人びとが愛した眺望、視線の先にあったはずの景色は巨椋池干拓によって現在大きく変化しています。景色が失われたことによって、土地の記憶も消えてしまい、ものがたりは途絶えてしまったのでしょうか。

伏見山荘・伏見殿・伏見指月城がかつてあった指月の丘には、第二次世界大戦後、１９６２年（昭和37年）に完成した観月橋団地が今は立地しています。ここで地元伏見の人びとがよく口にする言葉をご紹介しましょう。

「観月橋団地はエエところ」

人びとが話すには、観月橋団地に対しては「高級」なイメージをずっと抱いているそうです。一見すると同じような外観の団地が他に数多くあっても、観月橋団地にだけは「特別」な印象を抱かせる何かが今も存在している模様です。またさらに近年、この観月橋団地は再生プロジェクトが進行中で、UR都市機構によっておしゃれに再生された団地は２０１２年にグッドデザイン賞も受賞するほどになりました。部屋が空く度、申し込みが殺到しています。

UR都市機構ウェブサイトより
観月橋団地プロジェクトの紹介

このように指月の丘は地形が大きく変わってもなお、たしかなブランド力が今も受け継がれているようです。古代から近世そして現代に至るまで、この場所に折り重なるようにして集ったエピソードからは、**「地霊」を意味するラテン語「ゲニウス・ロキ」が示すような、場所の特別性**を感じずにはいられません。「地形は変えられない。変えても土地が覚えている」とつぶやきたくなるような、そんな魅力を指月の丘は今も物語っています。

指月の丘より、ナイスビューの今。

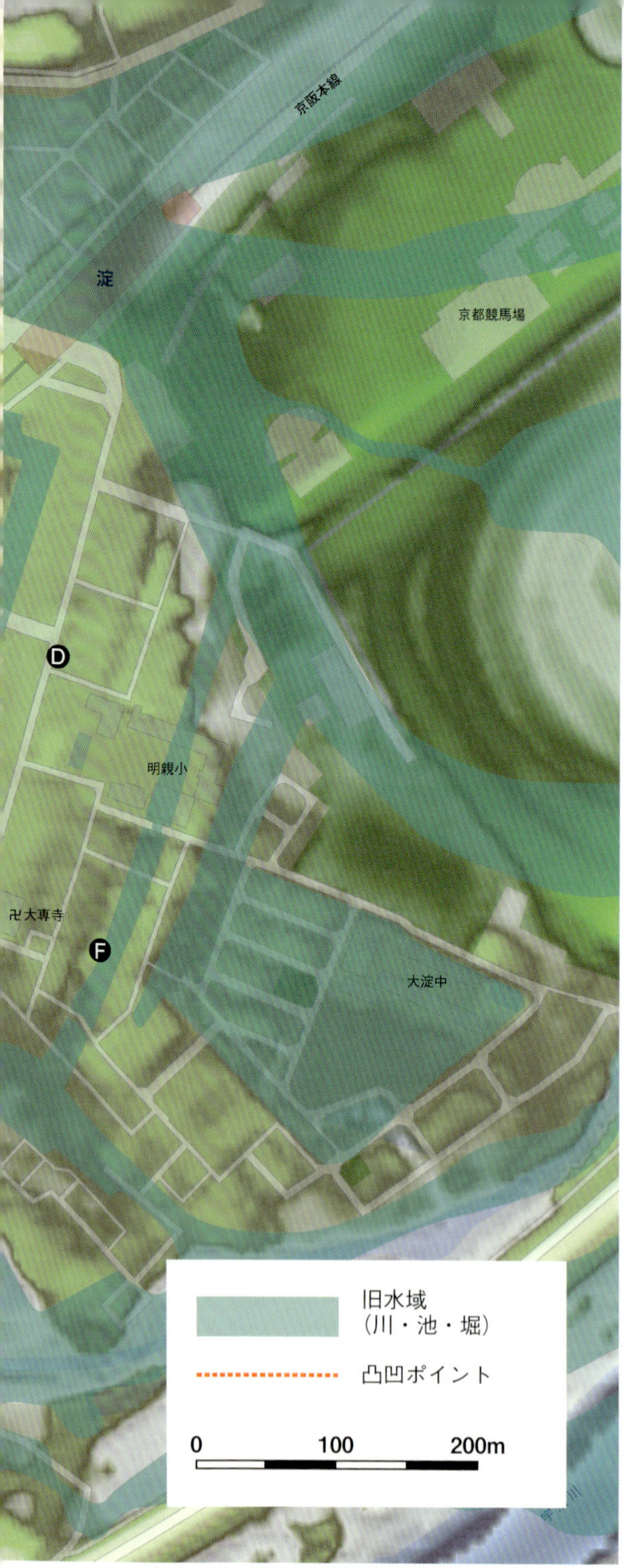

旧地形のパラダイス！
空間分割された城下町の名残り。

淀城

Yodo Jo

旧宇治川：
興奮の巨大凹地
1
スーパーマーケット
ツジトミ
A
淀本町商店街：
水堀跡の凹地
3
おくやま菓子舗
桂川
淀城本丸：
奇妙な石垣
旧京阪国道
B
2
淀城跡
公園
4
C
武家町と町人町：
分割された居住エリア
E
京阪本線
文相寺
卍
G
5
H
足軽町から郊外住宅地へ：
近代化された周縁
西岸寺
卍
高福寺
卍
長円寺
卍
東運寺
卍
スーパー
イワキ淀店

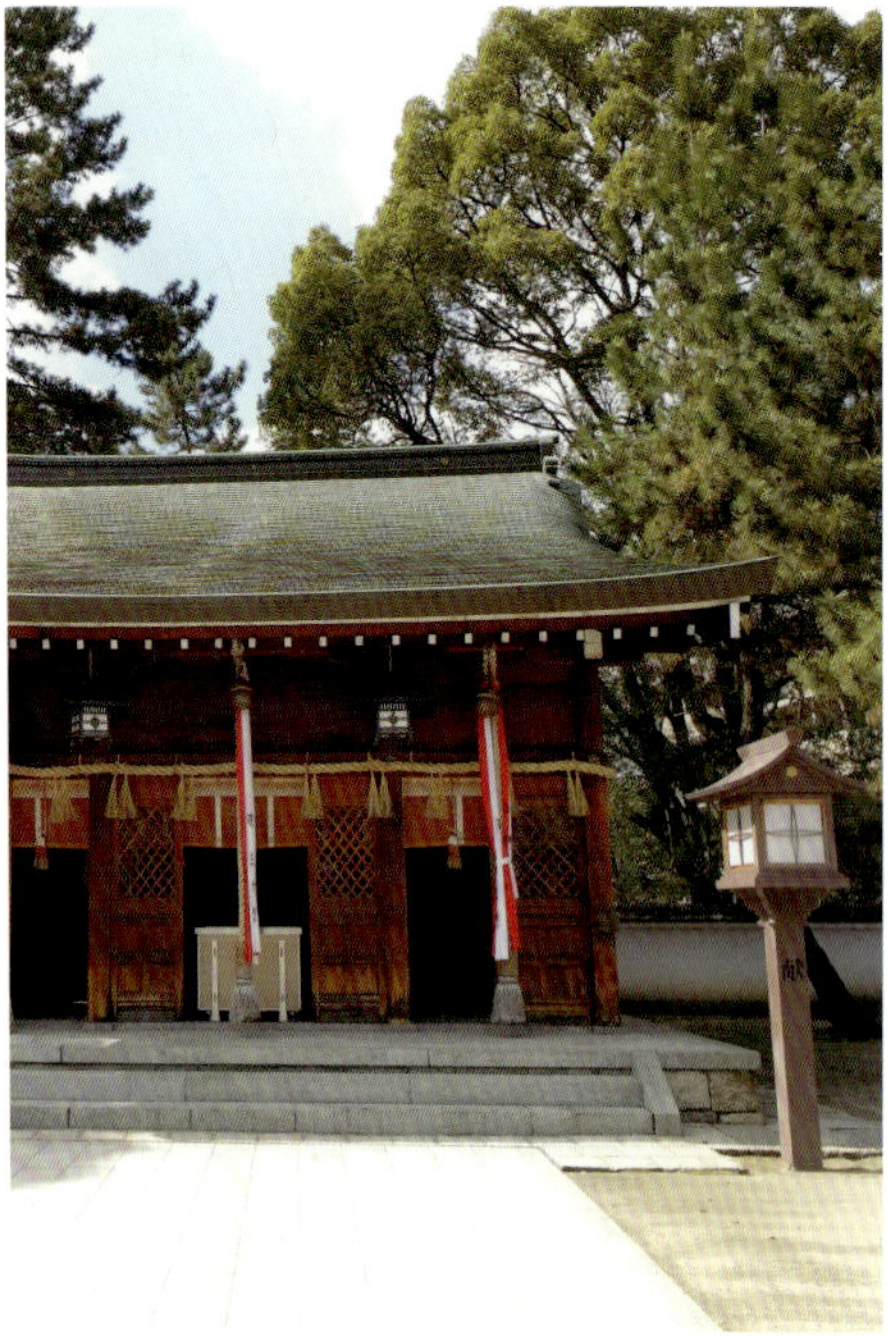
與杼《よど》神社。淀の産土《うぶすな》神

京都市伏見区、南西部の淀といえば、競馬のまちというイメージでしょうか。「淀競馬場」という別名でも有名な京都競馬場では、天皇賞・菊花賞などの重賞レースが開催されており、毎週末には各地から競馬ファンが集っています。一方で江戸時代を通じて、淀は京都市内唯一の城下町として、城を中心とした計画都市となっていました。同時に河川の河口に位置する自然環境から、人の手によってたびかさなる地形改変がなされたまちでもあります。

京都の高低差ファンからは「旧地形のパラダイス」とも評されている淀のまちをじっくりと見ていきましょう。そこには個性的な高低差とセットになった、まちの成り立ちに関わる風景が広がっています。

1 旧宇治川
興奮の巨大凹地が随所に！

京阪本線「淀駅」を出てすぐ北西に、府道125号線の北側から急傾斜の段差が現れます。道路に接したスーパーマーケットの駐輪場では、人間の身長ほどある落差が生まれるほどの段差です。**この府道の北側からずっと、なんと幅約140m、深さ約2mもの巨大な凹地が横たわっている**のですA。

実はこの凹地は、かつて宇治川がこの箇所に流れていた痕跡なのです。現在、宇治川は淀駅の約1㎞南方を流れていますが、その流路は1902年（明治35年）に実施された付け替え事業によって新たに生まれました。それより前はまったく反対の方向、淀のまちの北側が流路だったのです。もともと淀の周囲には宇治川・木津川・桂川の三大河川の河口が集まっていたため、毎年のように水害に悩まされていました。そのため近代以降に河川の流路付け替えや湖沼干拓といった極めて大規模な防水害事業が実施されていったのです。

よく見ると、淀駅を下車してすぐ西側のバスロータリーにもゆるい傾斜の微高地がありますね。これもまた旧宇治川の自然堤防が、付け替え事業後も残った地形です。

2 淀城本丸
奇妙な石垣

江戸時代、淀城がまちの中心としてそびえていました。伏見城にかわる江戸幕府の重要拠点として、江戸時代前期（1623年・元和9年）に築かれた淀城は、天守・石垣・水

右上：凹地に残る旧宇治川の小水路　左上：北岸（対岸）の凸凹地形　下：旧宇治川の巨大凹地 Ⓐ

掘を備えた本格的な近世城郭でした。城の中心部だった「本丸」の遺構は、今も淀駅の西側に保存されています。

現在「淀城公園」になっている本丸は、周囲を石垣と水掘で囲まれています。まずは残された石垣をしっかり観察してみましょう。淀城築城時の江戸時代前期は、城の築造技術が最高峰に達した時期です。そしてこの時期の石垣は通常「切込ハギ」と呼ばれる切り石加工した石材を隙間なく積んでいるはずなのですが、**なぜか淀城石垣は大半が「野《の》面《づら》積み」という未加工の自然石を積む形**となっています。また石の種類自体も、江戸時代前期に西日本各地の城で用いられた花崗岩以外に、チャート・砂岩なども含んだ雑多な構成です。

　こうして観察すると、野面積みで「雑多な種類」の石を積み上げた淀城石垣からは、江戸時代前期より

本丸の石垣

天守台の石垣（アップ）

も古い時期、安土城や伏見城のような安土桃山時代の城によく似た「古風」な印象を受けてしまいます。淀城石垣の築造時期と印象のズレはなぜ生まれたのでしょうか。おそらく、伏見城にかわる重要拠点として淀城が築かれた事情に、この謎を解くヒントがあるように思えます。つまり、「淀城石垣はもともと伏見城にあったから」と考えてはどうでしょうか。伏見城廃城にともなって伏見城から石材が移築されたために、淀城石垣は江戸時代前期の築造にも関わらず古風な印象を感じさせるものになっているのだと。このように考えると、石垣の特徴をすっきりと理解できますね。

本丸の水堀

天守台の石垣 B

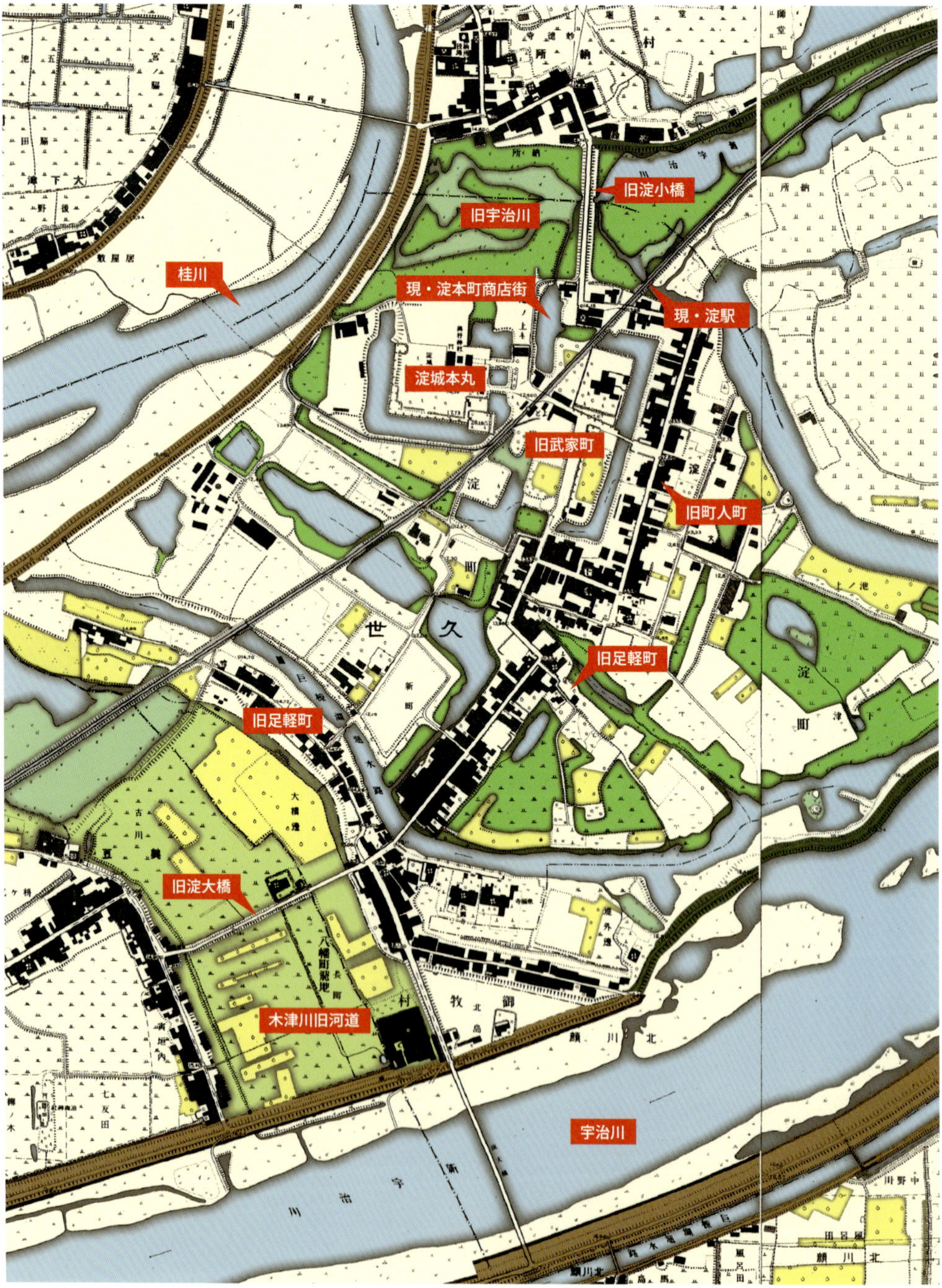

「都市計画図」（1922年・大正11年　京都府立総合資料館蔵　部分）　ラベル・彩色は著者
黄：畑／緑：田・低湿地／薄緑：木津川旧河道

3 堀跡凹地の商店街
今も残る水堀の跡

では本丸以外の淀城外郭はどうでしょうか。現在はかつての城内中心部を京阪本線が断ち切っている上に、完全に市街地化している外郭部は「残っていない」といわれがちですが、改めて詳しく見ていきましょう。

まずは、本丸のすぐ東側に隣接する「淀本町商店街」に注目です。**この商店街は、周囲からゆるやかに下った南北方向の細長い凹地に立地し**ています。ここで1922年（大正11年）の地図「都市計画図」を見ると、現在の淀本町商店街の位置には細長い池が描かれています。この池は、淀城の本丸と外郭を分ける水堀に相当するものでしょう。つまり現在、淀本町商店街が立地する凹地は廃城後もしっかり残った水堀の痕跡なのです。ちなみに商店街の和菓子屋「おくやま菓舗」のご主人曰く、第二次世界大戦後に商店街が誕生するまでは沼地にあぜ道が通るような風景だったそうです。堀跡の商店街らしい貴重な思い出ですね。

4 武家町と町人町
分割された居住エリア

さらに今度は淀駅から南側に進みましょう。江戸時代までは、家老クラスの上級武家屋敷街として、城下町特有の「武家町（現・淀池上町）」に相当するエリアでした。このエリアはその外側に配置された「町人町（現・淀池上町）」と幅約20mの水掘で分けられていて、「東大手門」や「大坂口門」など各出入口に厳重な城門も置かれていました。

かつて武家町と町人町を分けた淀

堀跡凹地の商店街
（淀本町商店街）

城外郭の水掘ですが、現地で細かく観察すると、もともと「東大手門」のあった地点には宅地の間に幅５ｍほどの暗渠が連続しています。埋め立て後も、堀跡の排水用に小水路が残されたのですね。

　さらにもっと興味深いことは、**この暗渠を境に風景が一変する様子**です。堀跡の暗渠よりも西側の旧武家町Ⓒは広い道幅でコンクリート建物が中心なのに対して、東側の旧町人町Ⓓは一転して狭い道幅に古町家が建ち並んでいます。つまり旧武家町と旧町人町で、対照的なまちなみが淀には今も存在しているのです。

　これはまさしく、淀城下町で実施された「空間分割」の結果と考えられます。つまり江戸時代は身分制社会として、武家・町人などの身分ごとに居住エリアが定められていました。とりわけ城下町の場合は空間分割が明確で、中心に領主の住居であ

上：旧武家町と旧町人町の対照的なまちなみ　下：まちなかに残る淀城の遺構

旧武家町と旧町人町を分ける凹地暗渠（淀城堀跡）

る城郭、その周囲に武家町・町人町・寺町・足軽町と階層と役割に応じた同心円構造の居住エリアが設定されていたのです。明治維新以降、武士が没落し、武家町が一斉に空き地になりました。そこで全国の旧城下町で城跡が官公庁街として活用されたのです。淀のまちには城郭建築や武家屋敷が残っていないため、なかなか風情を感じにくいという人もいるかもしれません。しかしこの空間分割の視点に立てば、現代の淀のまちなみこそ、見事な城下町として成り立っていることを理解できませんか。

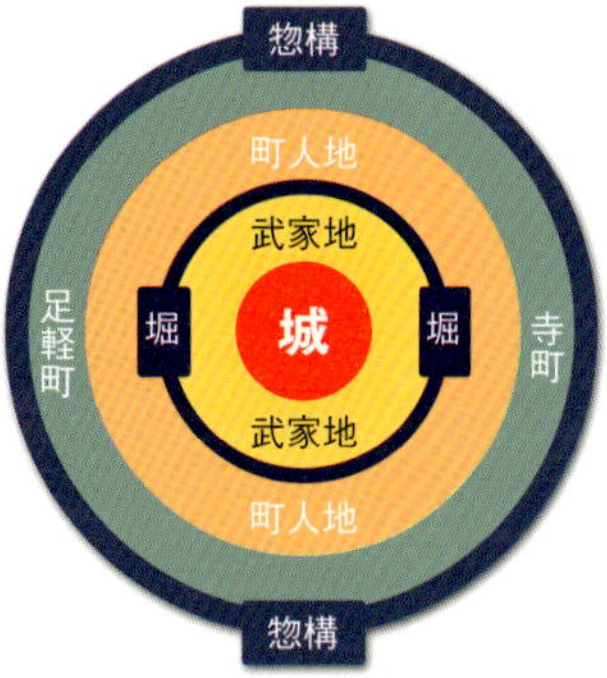

城下町の同心円構造

5 足軽町から郊外住宅地へ

近代化された周縁

淀城下町は同心円構造の最外周に、下級武士街「足軽町」が配置されていました。江戸時代前期の「笹井家本 洛外図屏風」には、城下町の外周を縁取るように足軽長屋の建ち並ぶ様子が詳しく描かれています。その様子はまるで、藤沢周平の時代小

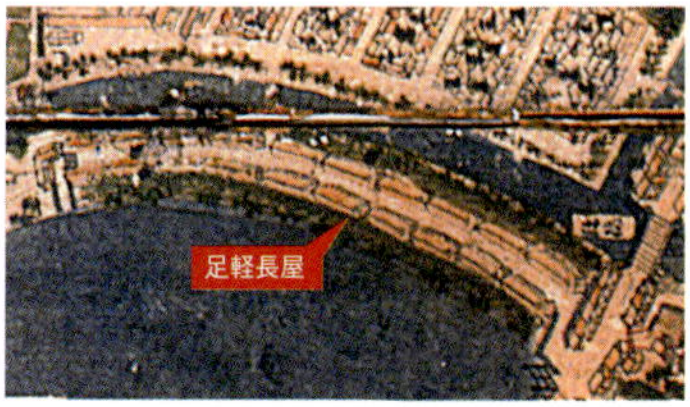

「笹井家本　洛外図屏風」（部分）
写真提供：高槻市教育委員会
ラベルは著者

説に出てくるような質素なたたずまいですね。

ところで今、淀の旧足軽町（淀木津町・淀新町など）を歩くとかつての質素な様子とはまた印象が異なって、むしろ閑静で高級な住宅地の雰囲気を醸し出していることに気づきますG。なかには20世紀初頭の大正年間に建てられた和洋折衷の邸宅もあって、優雅な散歩を楽しめるような風景が続いているのです。**質素だった下級武家街が、このように近代以降にむしろ高級化した現象**とはいったい何でしょうか。

ちなみに、この足軽町の近代以降の変化は、淀以外の日本各地の城下町にも同様に生まれた現象だったようです。たとえば西日本を代表する城下町の彦根（滋賀県）や姫路（兵庫県）も、旧足軽町は淀と同様の高級化した住宅地が広がっていました。日本の各城下町には、足軽町を対象

現代の旧足軽町。和洋折衷の邸宅G

足軽長屋らしき建物も残る Ⓗ

に普遍的な変化が生まれていたのです。

おそらくこの現象は近代以降、工業化した各国で生まれた「郊外住宅地」の誕生と関係すると考えられます。つまり産業革命以降の鉄道や自動車といった交通網の発展や「通勤」という生活スタイルの登場によって、必ずしも都心に住む必要がなくなり、職場と住居の関係が遠距離化することが可能となりました。そこで住居の選択にあたっては市街地中心部から距離を置いて閑静な「郊外住宅地」が好まれるようになったのです。こうして日本の城下町は、まちの最外周エリアだった旧足軽町が次々と郊外住宅地として近代以降に再開発された結果、高級化すなわち郊外住宅地化が進んだのでしょうか。最外周に足軽町を配置する城下町特有の空間分割がまずあって、**時代によって空間内部の使われ方は変化したとしても、空間ごとの違いは有効に機能したまま**であることが、淀のまちなみから読み解けるはずです。

このように淀は、かつての武家町・町人町・足軽町といった空間ごとの関係が中身を変えながらも、独特の風景のまとまりを今も保っています。これこそ、私たちの風景が歴史的・社会的に成り立っていることを雄弁に物語るものなのでしょう。

NHKの人気番組「ブラタモリ」でディレクターとプロデューサーを務める山内太郎さん。2015年1月に放送の「京都編」では演出を手掛け、梅林さんとタッグを組んで京都の魅力を紹介した。かたや敏腕テレビマン、かたや徹底したフィールドワーカー。全く異なる視点を持つ彼らの対話が始まった――。

特別対談

「ブラタモリ」プロデューサー山内太郎×梅林秀行

京都の「土地の記憶」に耳を澄まして

山内太郎

1974年生まれ。早稲田大学大学院文学研究科史学（日本史）専攻修了後、2000年NHK入局。和歌山放送局、制作局、仙台放送局、制作局文化・福祉番組部を経て、現在「ブラタモリ」チーフ・プロデューサー。

「ブラタモリ」とは?

2008年からNHK総合テレビで断続的に放送されている番組。毎回、そのまちの達人を「案内人」としてゲストに迎え、タモリさんが独特の視点でまちの歴史や人々の暮らしに迫る。2008年に深夜放送としてパイロット版を放送、高視聴率を記録。2009年には放送時間を木曜22時台に移し半年間レギュラー放送。その後、第2、第3とシリーズを重ねた後、タモリさんが総合司会を務める「笑っていいとも!」終了後、2015年4月新シリーズとして土曜ゴールデンタイムで放送開始。梅林さんは2015年1月の「京都編」、5月の「奈良編」、そして2016年4月の「京都嵐山編」、5月の「京都伏見編」と異例の4回出演を果たした。

タモリさんの笑顔が見たくて……

梅林 「ブラタモリ」はじっくり時間をかけて作っていらっしゃるイメージです。

山内 通常の歴史番組であれば、資料を読んで、大学の先生のインタビューを撮ってというのが基本ですが、この番組のリサーチは歩くことが基本なので、少し別の時間のかけ方をしますね。

梅林 いつもリサーチにどれぐらいかかりますか?

山内 2か月ほどですかね。本来は3ヶ月は欲しいところですが(笑)。とりあえず梅林さんのようにそのまちに詳しい「案内人」の方と、現地を歩いて痕跡を探します。

梅林 ディレクターの方たちはめちゃくちゃ歩いてますよね。

山内 一番歩いた時は1日3万歩。この前の小田原ではそれくらい歩きました。

梅林 キロ換算で30キロぐらい。江戸時代の旅人みたいですね(笑)。

山内 そういう意味では、僕はこういう番組は他に経験したことがないです。

梅林 そこまで歩いた先に見えるものがあるんでしょうね。

山内 歩かないと見えないんです。識者の方にお話を聞いて作る番組も当然あって、もちろんそういう番組も素晴らしいんですけど。あと、他の番組との違いは、ロケの時間が極端に短い点です。以前私が担当したことがある世界遺産の番組は外国に3週間。その点、「ブラタモリ」は数時間ですみますから。問題は、梅林さんみたいな案内人の方がとても大変なことです。

梅林 ああ、はい(笑)。

山内 というのも、タモリさんとアナウンサーは、その日どこに行くのか事前に知らないんですよ。知らせてしまうと、タモリさんが勉強してしまうから。僕らは素のリアクションというか、タモリさんが「へえ!」って驚く顔が見たいので。その驚かせるホスト役を、全部案内人の方にお願いしてるんですね。あの役目って単に状況の説明をするだけでいい訳ではなくて、「こういう視点でご覧ください」っていう視点の提示をしないといけない。

梅林　司会進行役ですもんね。

山内　そうです。そのあたり梅林さんはすごく巧みですよね。ディレクター側も適宜「次はこんなこと言ってみては?」というカンペを出すんですけど、タレントでもない人が、横にタモリさんがいる中で、白い紙に何か書いて指し出されても、普通は読めないじゃないですか。

梅林　そうですよね。京都編の時もものすごく緊張しました。

山内　そうは見えなかったですけど(笑)。梅林さんはタモリさんとのキャッチボールが絶妙で。「まいまい京都」でのガイド役の経験が豊富だから、「ゼロ番線ホーム」とか打合せにないことも突然言うし、それをタモリさんもすごく受けてくれる。案内役が抜群にうまいんです。

梅林　開口一番、「見るからにマニアックだね」と言われました……これ以上ない褒め言葉かと(笑)。けど僕は、単純にタモリさんに笑ってもらいたいだけなんです。そしたらこの前、カメラ回ってないところで「今度行った時に連絡するから、また京都を案内してよ」って言われてすごく嬉しかったです。

山内　梅林さんの方で「ブラタモリ」に出てみて変わったことってありますか?

梅林　「まいまい京都」に参加してくれる人の期待は高まりましたね。あと、構成を考えるようになりました。テレビと同じところもあると思うんですけど、一番神経使うのが、場面と場面の繋ぎ。みなさんが納得感を抱いてまちを歩いてもらえるようにと。

山内　そこはいつも僕たちも悩んでいます。視聴者の方はつまらないとすかさずチャンネルを変えるんで。それこそ地形の話なんて、基本、面白くないじゃないですか?

梅林　え!?　そういう意識なんです

か？（笑）「ブラタモリ」のお陰で少しは市民権を得たような気はしますけどね。でも制作者だからこそ不安が拭えないですよね。お気持ちよくわかります……。

山内　僕は個人的には地形の話は大好物です。でも視聴者は本当に面白いんだろうか、不安ばっかりです。普通は地形ネタなんてテレビ的にはあんまり見向きされないんですけど、視聴者はまずタモリさんの笑っている顔が見たい。

梅林　それは大きいですよね。

山内　じゃあタモリさんが何に興味を持つか。それで経験上、地形ネタだとだいたいいい感じに興奮してくださるんです。視聴者も、あの人が興味を持っているものだからきっと面白いだろう、という期待感を持つ。もちろん元々地形に興味があって観てくださる方も一定数いますけど、単にタモリさんが笑ってる顔を見たいっていう方も当然いるわけです。そういう方たちに、下ばかり見て痕跡を探しながら歩くと、豊かな世界が広がってるよ、ということを伝えられる。それは世の中の番組の中でいいポジションですね。お陰で、今まで表沙汰にはならなかった地形ネタの大切さが広まって、とてもよかったです。

「ボケてるまち」に突っ込みを

山内　梅林さんは子どもの頃から地形に興味があったんですか？　ご出身は確か名古屋ですよね？

梅林　はい、好きでしたね。川が好きだったんで、家の庭に川を作ってました。

山内　……どういうことですか？（笑）

梅林　家の庭がそこそこ広かったんで、溝を掘ってから水を大量に流して、河岸段丘や三角州、あとは扇状地を作ったり。隣に愛犬をしたがえて、公園の砂場とかでもやってましたね。

山内　それは地形を変更したかったからか？

梅林　そうですね、地形が生まれる様子を追体験したかった。

山内　どうして、人は地形に興味を持つようになるんでしょうかね。

梅林　元々はやっぱり、そこに強い違和感を覚えるからじゃないですか。たとえば川であれば、なぜここは真っ直ぐじゃなくて曲がってるんだろうって。そこに「素直」じゃないものを感じて気になるんです。

山内　素直か素直じゃないかって、そもそもどうしてわかるんですか。

梅林　僕らの日常って違和感がないからこそ、ストレスなく過ごせてる部分っていっぱいありますよね。何ごともスムーズに進むから、安心して生活できている部分もいっぱいあると思うんですよ。でも一方で、自然の地形はほとんどがカーブを描いていたり、左右対称ではなかったりしますよね。そこに「えっどうして?」と違和感を抱いてしまう。日常にちょっとした「異物」が差し込まれるというか。

山内　その違和感を地形からのメッセージと感じておられるわけですよね?

梅林　まちなかに坂道や凹地があるのを見ると、「まちがボケてる」ってい

つも感じてしまいます。まちなかの地形は、歩く人からまるで「ツッコミ」を待っているように見えてしまう。京都みたいな平べったいまちにある凸凹地形ってとくに存在感があって、その地形がまるで額におさまっているようにも見えるときがある。京都のまちなかの地形は愛でやすい「作品感」があるんです。

山内　それは、まちなかにある「微地形」を知りたいという欲求ですか？

梅林　そうですね。そもそもこの感じ方は川越市（埼玉県）からの印象があるかも。二十歳の頃、川越にしばらくいたことがあって。そこは江戸時代の城下町で、川越城っていう城が元々ある。今は「本丸御殿しか残ってません」っていう風に言われがちなんですけど、現地に行ったら本丸・二の丸・三の丸とかの土塁や堀の遺構がまちなかの住宅地に微妙な高低差としてきれいに連なっているんです。ちょうど雨降ってる日にぶらぶら歩いていたら、道路上の微妙な凹凸に生まれた水たまりを見つけて、そこに天啓が……「これだ！」と。

山内　それはつまり住宅地とか、人の営みの中に地形があるっていうことが重要？

梅林　そこが好きですね。そしてそれは「遺構が好き」ということなのかも。何かの痕跡が発信するサインをキャッチしたいし、そういうサインをキャッチしたなら、その風景が今ある根拠をイメージしたい。もともと数百年前、千年前に何かがあって、今それを上書きするように住宅地が広がっているとしたら、それは別々の風景じゃなくって、きっと今の風景に繋がる何かがあるんだろうなっていうこと。それを読み解いていきたいっていうのが一番ですね。僕はタモリさんの言葉が大好きで。特に好きなのが「土地の記憶」。

山内　はい。

梅林　今話したようなまちなかにある地形や痕跡めいた凸凹地形、それは土地の記憶の現れなんだと。タモリさんの大名言に「地形は変えられない。変えても土地が覚えている」っていうのがありますが、坂道を削ったり、凹地を埋めたりして、今はもう地図上にないですよって言われても、現地に行くと実は微妙な高低差があったり、何かの痕跡を見つけたりできる。たぶんそこには「平地ではいられなかった物語」が重なっていて、それは人の頭のなかにある記憶ばっかりじゃなくって、人は忘れているかもしれないけど土地の形としてそのまちの営みが表れてるのかもしれない。そこを読み解いたら面白いんじゃない？っていうメッセージをいつもタモリさんから感じます。

「土地の記憶」への意識

梅林　山内さんは「ブラタモリ」を担当されるまでは、NHKでどういう番組に関わって来られたんですか？

山内　僕は最初、和歌山局に4年いて、東京に戻って来てからは文化福祉番組部という部署に所属し、福祉番組を制作しました。大学・大学院で日本史を勉強して来て、歴史的なモノの見方に関しては考えて来たものの、たとえば今、実際にマイノリティーの方はどういう思いで暮らしてらっしゃるとか、そういう現実の日本社会の問題はあまり知らなかった。東京でそういった問題を扱うことで、社会について自分なりの立ち位置を定めることができたような気がします。で、2年後に、世界遺産の番組を作る部署に行って、チェコとイエメンの旧市街を紹介して、人の暮らしの歴史を目の当たりにして、やはり大学・大学院で専攻したことに近い「過去から現在を見る」ということがやりたいなと思うようになりました。その後、仙台局で2008年から2012年まで、若者たちが故郷の歴史や食文化に向き合う料理対決番組を2年ぐらいやった。それで、震災が起きたんですね。

梅林　はい。

山内　その時は、それこそタモリさんが言うところの「土地の記憶」というものをすごく意識しました。震災直後、「想定外」とか、「未曽有」っていう言葉が山ほど溢れましたけど、地震や津波って、日本中に何十年か何百年単位で何度も起きてる。よくよくその土地に聞いてみれば、震災が起きるって分かってたはずなのに、それを多くの人が忘れてた。それから1年後ぐらいに東京に異動して、しばらくして「ブラタモリ」をやることになったんです。

梅林　ほう。

山内　実はその直前にETV特集で、土地からの警告に耳を傾けましょうってメッセージの番組を作ったんですけど、視聴率は1％も行かなかったと思います。一方「ブラタモリ」はそこまで濃いことは扱わないけど、「土地の記憶」に耳を傾ける楽しさをテーマに、視聴率を10何パーセント取る。どっちがいいという問題ではないけれど、いろいろな手法の番組を作ることに意義があるのかなって思って作っています。

梅林　山内さんの根底には社会性があるんですよね。前面には出て来ないかもしれませんが、番組を通じて結果的に出てくるドラマとかも、社会性・今日性があるなーと思います。そこが一緒にすごくやりやすかった。

山内　僕も模索ばかりしてますけど。要は、土曜日の7時半っていう時間帯に、たくさんの視聴者を集めるっていうのがこの番組に課せられたひとつの使命ですから。今の視聴者の方って、ただ何も考えずに楽しく笑うことを求めていらっしゃる部分もあるから、笑いに変えられないものって扱いづらいんです。

梅林　なるほど。でも「ブラタモリ」によって京都というまちに向けた一風

変わった視野は広く共有できたように感じています。つまり、「平安京以来1200年変わらずやってきました」っていう姿ではない、京都のリアリティが提示されたように思える。大きく変わるしかなかった京都、しかも受け身じゃなくって時代の変化に合わせるように、能動的に変わってきたまちっていうイメージが生まれた。それは「昔から」「変わらないままずっと」という京都のイメージとは全然違う。

山内　京都には、はんなりとか、マイペースとか、ゆったりとした時が流れている、っていうイメージがあるけど、実はものすごい激動の時代を乗り越えるために活発に行動して、その結果今があるっていうことに気付いてもらいたかったんですよね。

梅林　僕も同じく、京都というまちの認識を書き換えたいと感じています。書き換えた末に、目の前に広がる風景のひとつひとつに根拠があることを知って、まちのライフヒストリーに「なるほど」と共感が生まれるような。そんな感じ方を、違う角度の視点を一緒に探したいですね。

風景に隠された文脈を探しに

山内　例えば、暗渠とかに魅力を持つ感じって人に言っちゃいけない感じがありましたよね。

梅林　かなり恥ずかしい（笑）。

山内　僕も密かにほくそ笑むぐらいだったんですよね。それをタモリさんみたいな人が好きって言って、声を大にして言えるようになった。

梅林　「ブラタモリ」を通じてはじめて、僕らみたいな人間は自己紹介できる言葉を得た。「私は○○が好きです」って言える体裁とポジションを得たことは大きいです。と同時にそれが男性とか高齢者とか、つまりおじいちゃんだけの趣味じゃなくって、男女も年齢

も問わず潜在的に興味を持ってた人が多かったことも知りました。今そんな人たちを「まいまい京都」では定置網で引き上げるように大量に発見しているのですけど。

山内　いつもどんな人が来ます？

梅林　常連さんで一番下が10歳の男の子。

山内　え!?　「ブラタモリ」の視聴者層で言うと、49歳以下はとても少ないんですけどね……。そもそもＮＨＫって若い人があまりチャンネルを回してくれないという問題もありますが。若い人のテレビ離れも深刻ですし。

梅林　意外です。

山内　そうでしょう？　「ブラタモリ」の視聴者の多くはおじいちゃんおばあちゃんです。

梅林　僕は全く逆の印象を受けます。どんどんツアーには若い子が参加して来る。花園ですよ、僕の周りは（笑）。

山内　いいな～（笑）。

梅林　それこそ女らしさ男らしさの世界の中では、「恥ずかしい」「分かってもらえない」と感じてこれまで容易に声を上げにくかった趣味というか。

山内　「ブラタモリ」は20代30代女性の視聴者はやはり少ないですよ。その人達が「ブラタモリ」観てるかどうか、今度聞いてください（笑）。でも、梅林さんのお話聞いていると、まだまだ自分達の可能性も探っていかなきゃいけないなと思います。

梅林　京都は「はんなり」とか「昔から」というようなある種の紋切り型で満ちているまちではあるので、まち歩きの楽しさが他のまち以上にあるというか、現地を歩きながらこれまでの視点では見えてこなかった風景を発見していくというのは面白い作業ですよね。

山内　新たな価値観をまち歩きっていうややハードルが低いもので体験できるということに、みんな惹かれてるってことでしょうか。

梅林　ですね。「ブラタモリ」はまち歩きの体裁をとってるけど、発信してる情報はそのまちの土地の記憶であったり、成り立ちであったり、広くいえば風景が生まれた文脈じゃないですか。地形と人間の生活の共同作業があって、今はこういう風景が広がっている。凸凹地形に目を向けると、京都に限らず、日本中あるいは世界中、それこそ人が暮らすまちにはどこでも、人間と自然のコラボレーションが生まれているんだよって。それをタモリさんが背負って、立ち止まったり歩いたりして、知的好奇心をくすぐってくれる。タモリさんはいわば凸凹地形のアイコンですよ！

山内　僕たちも番組で潜在的な興味を引き出せて、本当によかったです。今後も視聴者とタモリさんの橋渡しができるような番組を作っていきたいです。

２０１６年１月28日　京都市内某所にて

御土居を歩く著者

伏見指月
川上貢「伏見殿について」『日本建築学会論文報告集』56号 日本建築学会　1957年
京都平安文化財編『伏見城跡（指月城）発掘調査現地説明会資料』京都平安文化財　2015年
森島康雄「それでも指月伏見城はあった」『京都府埋蔵文化財論集』第6集 京都府埋蔵文化財調査研究センター　2010年
山本雅和「伏見・指月城の復元」『リーフレット京都　No.261』京都市埋蔵文化財研究所・京都市考古資料館　2010年

淀城
淺井良亮・大邑潤三・植村善博「京都市淀、水垂・大下津地域における治水・水害史と淀川改良工事」『京都歴史災害研究　第14号』立命館大学COE推進機構立命館大学歴史都市防災研究センター京都歴史災害研究会　2013年
尾藤徳行・丸川義広・能芝勉「長岡京跡・淀城跡」『京都市埋蔵文化財研究所発掘調査報告　2006-23』京都市埋蔵文化財研究所　2007年
尾藤徳行「淀城跡」『京都市考古資料館文化財講座　第247回資料』京都市埋蔵文化財研究所　2013年
若林幹夫『都市の比較社会学―都市はなぜ都市であるのか―』現代社会学選書　岩波書店　2000年

■ 便利なサービス・ソフト・データベース

□ 3D地形図の作成閲覧
カシミール3D
http://www.kashmir3d.com/

□ 古資料の閲覧使用一般
国立国会図書館デジタルコレクション
http://dl.ndl.go.jp/

□ 古地図閲覧
国際日本文化研究センター 所蔵地図データベース
http://tois.nichibun.ac.jp/chizu/

□『名所図会』の閲覧
国際日本文化研究センター 平安京都名所図会データベース
http://www.nichibun.ac.jp/meisyozue/kyoto/

□ 近代の『都市計画図』閲覧
京都市都市計画図（大正11年、昭和10年、昭和28年）3,000分の1
http://www.arcgis.com/home/item.html?id=f1d94bdacda3471bb6b53b8fa0ee708a

□『京都市明細図』の閲覧
京都市明細図オーバーレイマップ
http://www.geo.lt.ritsumei.ac.jp/meisaizu/googlemaps.html

□ 各時代について重層的に地図表示
平安京オーバーレイマップ
http://www.arc.ritsumei.ac.jp/archive01/theater/html/heian/

主要参考文献リスト

祇園（前編）

出村嘉史・川崎雅史「近世の祇園社の景観とその周囲との連接に関する研究」『土木計画学研究・論文集』Vol.21 土木学会　2004年

大村陽一「マイノリティの都市戦略―京都祇園の資望と構造―」『Core ethics：コア・エシックス』Vol.2 立命館大学大学院先端総合学術研究科　2006年

加藤政洋『京の花街ものがたり』角川選書　角川学芸出版　2009年

上林研二「景観保全と防災の両立をめざしたまちづくり―祇園町南側地区の取り組み―」『住宅総合研究財団研究論文集』No.34 住宅総合研究財団　2007年

祇園（後編）

出村嘉史・川崎雅史・田中尚人「近世の京都円山時宗寺院における空間構成に関する研究」『土木計画学研究・論文集』Vol.18 土木学会　2001年

出村嘉史・川崎雅史「近代京都の円山公園における景観構成の分析」『土木学会論文集』No.744 土木学会　2003年

聚楽第

岩松保・岸岡貴英・古川匠・小山雅人・伊野近富「平安宮跡・聚楽第跡」『京都府遺跡調査報告集』第156冊 京都府埋蔵文化財調査研究センター　2013年

狩野博幸『秀吉の御所参内・聚楽第行幸図屏風』青幻舎　2010年

中西宏次『聚楽第・梅雨の井物語』阿吽社　1999年

大仏

網伸也・加納敬二・田中利津子・長宗繁一「法住寺殿跡・六波羅政庁跡・方広寺跡」『京都市埋蔵文化財研究所発掘調査報告』2009-8 京都市埋蔵文化財研究所　2010年

河内将芳『秀吉の大仏造立』法蔵館　2008年

南孝雄・辻純一「現地講座「方広寺大仏殿の調査」」『京都市考古資料館文化財講座』第249回資料 京都市埋蔵文化財研究所　2013年

御土居（前編）

植村善博「京都盆地北縁、鷹ヶ峰台地の地形特性と活構造」『文学部論集』82号 佛教大学文学部　1998年

京都府史蹟勝地調査会編『京都府史蹟勝地調査会報告』第二冊 京都府　1920年

中村武生『御土居堀ものがたり』京都新聞出版センター　2005年

南孝雄「御土居の実像－近年の発掘調査成果から－」『京都市考古資料館文化財講座』第257回資料 京都市埋蔵文化財研究所　2014年

御土居（後編）

金森襄作「京都における在日朝鮮人の形成」『2008年度部落史連続講座』京都部落問題研究資料センター　2009年

黒川みどり『近代部落史－明治から現代まで―』平凡社新書　平凡社　2011年

塚田孝『近世身分社会の捉え方―山川出版社高校日本史教科書を通して―』部落問題研究所　2010年

辻ミチ子「近世 蓮台野村の歴史―甚右衛門から元右衛門―」『2009年度部落史連続講座』京都部落問題研究資料センター 2010年

巨椋池

足利健亮『地図から読む歴史』講談社学術文庫　講談社　2012年

京都市編「向島村」『史料京都の歴史16　伏見区』平凡社　1991年

山田邦和「伏見城とその城下町の復元」『豊臣秀吉と京都―聚楽第・御土居と伏見城―』文理閣　2001年

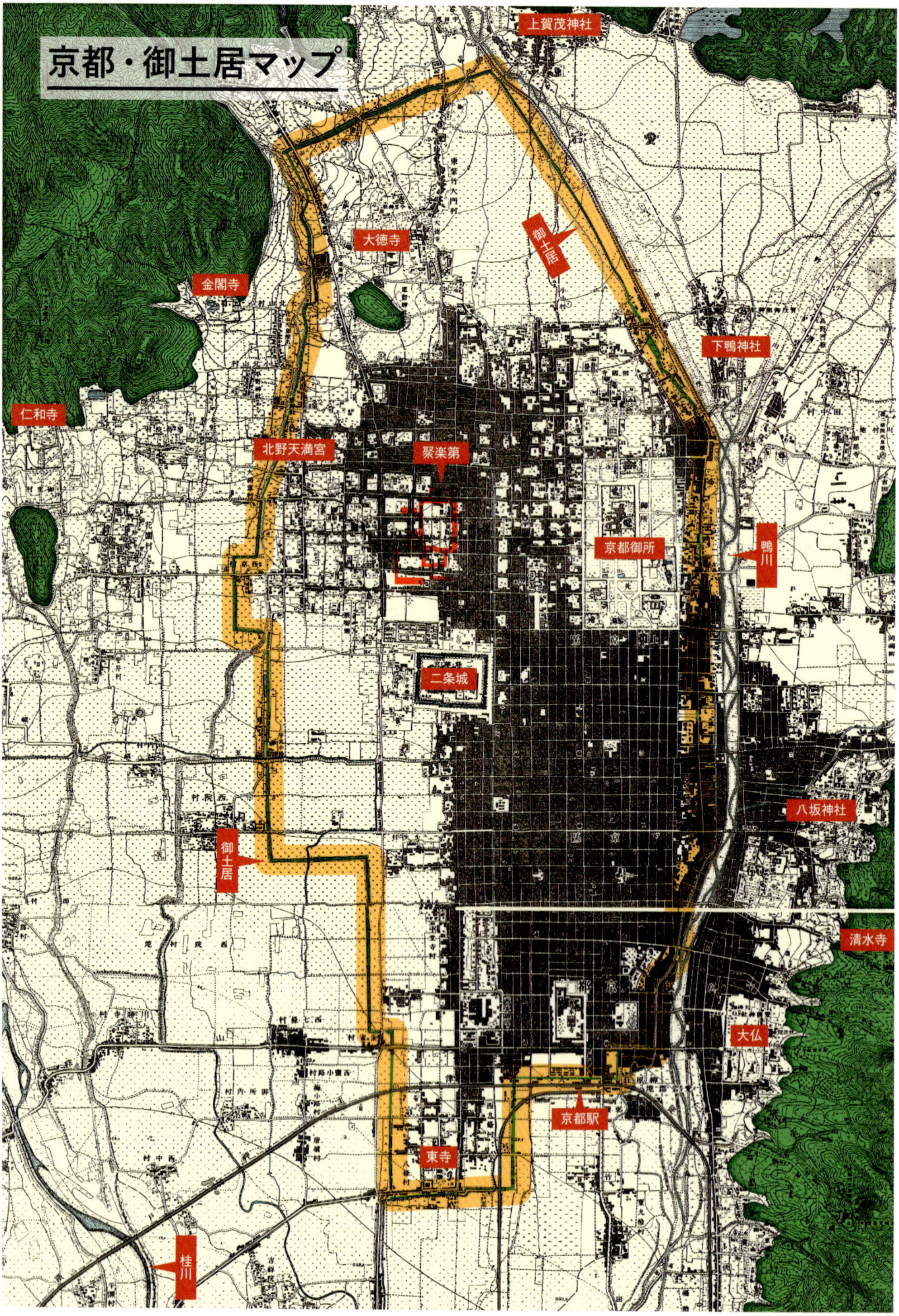

「陸地測量部仮製地形図」（1889年・明治22年）ラベル・彩色は著者　オレンジ色は御土居の大まかな位置

梅林秀行　うめばやし・ひでゆき

1973年愛知県名古屋市生まれ。京都高低差崖会崖長。趣味は高低差探し、看板ウォッチング、銭湯、商店街巡回。「まちが居場所に」をモットーに、まちと物語から生まれたメッセージを大切にしている。キョロキョロしながら本日もまち歩き中。NHK総合テレビで放送の「ブラタモリ」にて、2015年1月「京都編」、5月「奈良編」、2016年4月「京都嵐山編」、5月「京都伏見編」に出演。

京都の凸凹を歩く
高低差に隠された古都の秘密

発行日	2016年5月10日　初版 2017年4月25日　第七版発行
著　者	梅林秀行
発行者	安田英晃
発行所	株式会社青幻舎 〒604-8136 京都市中京区梅忠町9-1 TEL.075-252-6766　FAX.075-252-6770 http://www.seigensha.com
デザイン	堀口努（underson）
写　真	山嵜明洋 P2-9、P19上、P25、P31、P38、P40-41、P47、P48下、P53、P73、P76-79、P146-147、P151、ほか著者像切り抜きカット 梅林秀行・編集部 上記以外
地形図作製	梅林秀行、堀口努（underson）、マップデザイン研究室
校　閲	内藤憲吾
編集協力	小林明子
編　集	久下まり子（青幻舎）
印刷・製本	株式会社サンエムカラー

Printed in JAPAN
ISBN978-4-86152-539-1 C0025

＊本書掲載の図版に、一部、著作権者が未確認のものがございます。お気づきの方は編集部までご一報ください。